AM LANGEN SEIL
DES ALTERTUMS

<table>
<tr><td>GENETHLIACON
WALTERO WIMMEL
NONAGENARIO
DEDICATUM</td><td>*Geburtstagsgedicht*
für
Walter Wimmel</td></tr>
</table>

GENETHLIACON
WALTERO WIMMEL *Geburtstagsgedicht*
NONAGENARIO *für*
DEDICATUM *Walter Wimmel*

Von staunenswertem Mann, singe, Muse, mir,
MIRABILEM ILLUM, MUSA, VIRUM CANE
ruf ins Gedächtnis, was er geleistet hat,
ET MUNERA EIUS NUNC MEMORA MIHI,
der zweimal neun Jahrfünfte Zierde
QUI BIS NOVEM PER LUSTRA MUNDO
war für die Welt, ist es heut und ferner.
DULCE DECUS FUIT, EST ERITQUE:

Tibull, der du bist wahrlich sein andres Ich,
ALBI TIBULLE, O ALTER EGO ILLIUS,
gewürdigt hat er all deine Elegien,
LAUDAVIT OMNES ILLE ELEGOS TUOS,
hat sie erläutert und verkündet
INTERPRES ET PRAECO LIBELLI
Botschaft des Büchleins: die zarte Liebe.
TAM TENUIS TENERIQUE AMORIS.

Tibull, Horazens lauterer Kritiker,
IUDEX HORATI CANDIDE, PROTEGAS
beschütz profunden Kenner der Deutekunst,
DOCTUM PROFUNDE GRAMMATICUM TUUM
den nachgebornen Freund und Bruder,
ET POSTUMUM FRATREM ATQUE AMICUM,
daß dir dein Lob ewig bleib erhalten!
UT MANEAT TUA LAUS IN AEVO!

ANNA ELISSA RADKE

Am langen Seil des Altertums

Beiträge aus Anlass
des 90. Geburtstags von WALTER WIMMEL

Herausgegeben von
BORIS DUNSCH
FELIX M. PROKOPH

Universitätsverlag
WINTER
Heidelberg

Bibliografische Information der Deutschen Nationalbibliothek

Die Deutsche Nationalbibliothek verzeichnet diese Publikation
in der Deutschen Nationalbibliografie;
detaillierte bibliografische Daten sind im Internet
über *http://dnb.d-nb.de* abrufbar.

ISBN 978-3-8253-6208-9

© 2013 Universitätsverlag Winter GmbH Heidelberg
Imprimé en Allemagne · Printed in Germany
Druck: Memminger MedienCentrum, 87700 Memmingen

Gedruckt auf umweltfreundlichem, chlorfrei gebleichtem
und alterungsbeständigem Papier

Den Verlag erreichen Sie im Internet unter:
www.winter-verlag.de

Inhalt

Vorwort

Am 27. September 2012 feierte Walter Wimmel, emeritierter Professor der Klassischen Philologie an der Philipps-Universität, seinen 90. Geburtstag. Aus diesem freudigen Anlass war das Marburger Seminar, sein langjähriger Wirkungsort, geehrt, eine akademische Feier für den Jubilar ausrichten zu dürfen. Sie fand am Nachmittag des 23. November im Konzertsaal des Ernst-von-Hülsen-Hauses in Marburg statt.

Es ist uns nun eine besondere Freude, die im Rahmen dieser Feierstunde entstandenen wissenschaftlichen Beiträge hier zu Ehren des Jubilars zusammenzustellen und so einer breiteren Öffentlichkeit zugänglich machen zu können. Dies dürfte umso willkommener sein, da Walter Wimmel weit über die Grenzen seiner Alma Mater und auch Deutschlands hinaus als Klassischer Philologe bekannt ist und geschätzt wird.

Auf die vielen wichtigen und bleibenden Impulse, die das Fach von Walter Wimmel empfangen hat, wird die Laudatio von Gregor Vogt-Spira eingehen, ebenso auf seine außergewöhnliche Persönlichkeit. Der Festvortrag von Jürgen-Paul Schwindt bewegt sich mit Catull und Horaz auf einem Feld, das auch für Walter Wimmels Forschungen zentral ist; sein Blick auf die cantatorische Statur der Dichtung trägt Züge, die den Hauptanliegen des Jubilars auf vielfältige Weise verwandt sind. Im sich anschließenden Vortrag des Geehrten selbst zeigt sich einmal mehr die Weite seines Horizonts und das für sein wissenschaftliches Œuvre kennzeichnende Vermögen, Werke der Literatur mit ihrem jeweiligen geistigen wie realen Umfeld zu verbinden. Hierauf folgt ein Beitrag von Boris Dunsch, der der persönlichen Begegnung und dem Gespräch mit Walter Wimmel viel verdankt und ihm deshalb gewidmet ist. Der Band wird beschlossen durch ein Verzeichnis der Schriften Walter Wimmels, das Felix M. Prokoph zusammengestellt hat, und an dem zugleich die Wei-

te und die Tiefe von Walter Wimmels wissenschaftlichem Interesse
und Wirken nachvollzogen werden kann.

In einem wissenschaftlichen Portrait, das Walter Wimmel einmal
über seinen Freiburger Lehrer Karl Büchner schrieb, spricht er davon,
dass unsere Geistesgeschichte „ganz von der Rückstellung zur Antike
lebt".[1] Noch klarer spricht er diesen Gedanken gleichsam eines un-
verbrüchlichen und unhintergehbaren Nahverhältnisses des modernen
Menschen zur Antike – eines Verhältnisses, das gerade auch für seine
eigene Arbeit charakteristisch war – in seiner einige Jahre später erschienenen programmatischen Kulturtheorie aus: „Wir leben, ob wir
wollen oder nicht, am langen Seil des Altertums".[2] Diesem, wie uns
scheint, besonders prägnanten und Wort für Wort mit philologischem
Diskurspotential versehenen Satz sei daher auch das Motto entnommen, unter das wir die hier versammelten Beiträge stellen möchten.
    Bei den Beiträgen der akademischen Feier wurde der Vortrags-
duktus weitgehend beibehalten, wobei jedoch einige Zusätze gemacht und hauptsächlich in Fußnoten aufgenommen wurden, um die
Orientierung auch über den Text hinaus zu erleichtern. Im übrigen
wurden die Beiträge, zumal sie verschiedene wissenschsftlichen Ge-
nera zugehören, formal nur behutsam angeglichen.

Wir danken ganz besonders herzlich allen Beitragenden, die sogleich
bereit waren, ihre Texte für die Publikation zur Verfügung zu stellen.
Darüber hinaus sind wir Jürgen Paul Schwindt und Gregor Vogt-
Spira zu großem Dank verpflichtet, ohne deren vielfältige tatkräftige
Unterstützung die Publikation nicht in der vorliegenden Form hätte
zustande kommen können. Schließlich sind wir Andreas Barth vom
Carl Winter Universitätsverlag dankbar, der sich schnell bereitfand,
die im Zuge der akademischen Feier entstandene Publikationsidee in
sein Programm aufzunehmen.

Marburg, im Juli 2013   Boris Dunsch und Felix M. Prokoph

---

[1] Vgl. Walter Wimmel: *Der Philologe Karl Büchner. Versuch einer Würdigung aus Anlaß
    seines fünfundsechzigsten Geburtstags (mit einem Verzeichnis der wissenschaftlichen
    Veröffentlichungen Karl Büchners)*, Marburg 1975, 3.
[2] Vgl. Walter Wimmel: *Die Kultur holt uns ein. Die Bedeutung der Textualität für das ge-
    schichtliche Werden*, Würzburg 1981, 179.

Gregor Vogt-Spira

Laudatio auf Walter Wimmel*

Verehrter, lieber Herr Wimmel,
Hochansehnliche Festversammlung,

Lob wird sich auf eine einfache Sache beziehen, in schlichter Sprache ausgedrückt werden und immer wahr sein: So formuliert die
Poetik des 16. Jahrhunderts die allgemeine Erwartung. Ich will ihr
in allen Punkten folgen, allein dass Sie vorab ein Wort zum *unum
et simplex* der Sache erlauben. Denn der Eintritt meines Vor-Vor-
Vorgängers[1] in das 10. Lebensdezennium in voller geistiger Frische
ist bereits Anlass genug, mit einem Rückblick die allerbesten Wün-
sche des ganzen Seminars zu verbinden. Doch Walter Wimmel ist
durch sein philologisches Werk zugleich ein fester Bestandteil der
Fachgeschichte geworden, und so eröffnet der Blick auf sein Wirken
weit darüber hinaus eine Dimension in der Geschichte unserer Wissenschaft. Angesichts eines umfangreichen Festprogramms, das der
Jubilar mit seinem Vortrag selbst beschließen wird, will ich mich an
dieser Stelle auf den Versuch beschränken, in aller Kürze charakte-
ristische Züge hervortreten zu lassen.

Es seien zunächst knapp die äußeren Stationen umrissen: Von Krof-
dorf-Gleiberg nördlich von Gießen, wo Walter Wimmel am 27. September 1922 geboren wurde, zog es die Familie über verschiedene
Stationen nach Süden bis nach Lahr in Baden, wo Wimmel 1941
das Abitur ablegte. Es war das Schicksal seiner Generation, dann
alsbald in den Krieg eingezogen zu werden. Nach Kriegsende und
kurzer Gefangenschaft nahm er schon im Herbst 1945 das Studium

---

* Laudatio, die bei der akademischen Feier am 23. November 2012 gehalten worden ist.
[1] Walter Wimmel wurde im Jahr 1987 emeritiert. Die latinistische Professur hatten in der
   Folge inne: Joachim Adamietz (1988 bis 1996), Jürgen Leonhardt (1997 bis 2004), Gregor Vogt-Spira (seit 2006).

der Klassischen Philologie und der Philosophie an der Universität Freiburg im Breisgau auf; ein Studienjahr verbrachte er an der benachbarten oberrheinischen Universität Basel. Es waren Jahre bedeutender akademischer Lehrer an diesen Universitäten; prägend für ihn wurde jedoch der große Freiburger Latinist Karl Büchner, von dem er 1950 mit einer Arbeit zur frühen römischen Dichtung promoviert wurde. 1957 habilitierte er sich gleichfalls in Freiburg mit der Schrift „Kallimachos in Rom" und folgte nach einer außerplanmäßigen Professur ebenda schließlich 1963 dem Ruf auf den Marburger Lehrstuhl, dem er bis zu seiner Emeritierung treu blieb.

Auf einen Schlag international bekannt wurde der Name Walter Wimmel durch die Habilitationsschrift, die den Untertitel trägt „Die Nachfolge seines [sc. des Kallimachos] apologetischen Dichtens in der Augusteerzeit" (erschienen 1960). Die rasch einsetzende weltweite Rezeption des Buchs, das bis heute viel zitiert wird, ist Zeugnis der Sensibilität der Klassischen Philologie für wirklich bedeutende Leistungen; es bezeugt aber nicht minder auch die starke wechselseitige Wahrnehmung des Fachs, das sich über alle sprachlichen Grenzen hinweg als eines begreift. Die Arbeit leistet eine neuartige Erschließung einer für Rom überaus bezeichnenden Dichtungsform, die sich quer durch die Gattungen zieht. Ihre Hauptzeugen waren zwar wohlbekannt, sie war jedoch noch nie in einen so umfassenden Zusammenhang gestellt worden, der auf einmal auch versteckt gebliebene Repräsentanten hervortreten ließ. Archeget ist Kallimachos, der zu Begründung und programmatischer Entfaltung seines eigenen Dichtens eine spezifische Form von Abwehr, Verteidigung und Gegenangriff findet. Wimmel zeigt, wie diese gedankliche Form von den römischen Dichtern in der Auseinandersetzung mit ganz anderen Herausforderungen sprachlicher und stofflicher Art – Wimmel spricht von „Not" – souverän entwickelt wird.

Wimmels Zugang erschließt das komplexe Wechselspiel zwischen verschiedenen Argumentationsrichtungen mit ihren raschen Übergängen und überhaupt die durchgängige Vielschichtigkeit dieser durchaus komplizierten Stücke. Man sieht bei all dem den Dichter in seinen Überlegungen, seinem sorgfältigen Abwägen, seinen Auswahlentscheidungen, auch seinem Stolz über eine gefundene Lösung förmlich vor sich. Wimmels scharfe, nicht nur souverän die

Fülle der Stellen ineinanderblendende, sondern den Dichter in seiner
innersten Bewegung erfassende Beobachtungsgabe macht die Texte gleichsam durchsichtig – und schafft ihnen Realität. Denn das ist
das durchaus Erstaunliche: Die Figuren schweben nicht im luftlee-
ren Raum einer Programmatik, die Erschließung ist vielmehr ganz
von einem Blick auf ihre Wirklichkeit getragen. Walter Wimmel
schrieb einmal in einer Rezension zu einem Buch von Francis Cairns
von den „alexandrinischen Begegnungserlebnissen" der augusteischen Dichter, die keine Anfängerhaltung an den Tag gelegt hätten, vielmehr ein Künstlertum, das sich in der alexandrinisch-römi-
schen Tradition aufgehoben fühlte, aber davon kein Aufhebens mehr
machte, „zumal diese Haltung keine ungewöhnliche Anstrengung
mehr verlangt".[2] Das lässt sich auch auf ihn selbst wenden: Wimmel ist in dieser Tradition aufgehoben, ohne ein Aufhebens davon
zu machen, weil er sich in ihr mit einer genuinen Sicherheit bewegt.

Er hat in der Folgezeit viele Arbeiten zur augusteischen Dichtung, zumal zu Vergil, Horaz und Tibull vorgelegt, die eine reiche
Resonanz ausgelöst haben. Ich will an dieser Stelle nur noch einen
Aspekt hervorheben. Mehrfach hat sich Wimmel mit sprachlicher
Ambiguität als Stilmittel bei Horaz befasst. Charakteristisch ist sein
Ansatz, Vieldeutigkeit nicht als Defizit aufzufassen, die auf Eindeu-
tigkeit zu reduzieren sei, doch ebenso wenig als etwas, das notwendig im Nebel des Ungeschiedenen verschwimmt; vielmehr sieht er
darin ein bewusstes künstlerisches Verfahren, das sich präzise me-
thodisch erfassen und beschreiben lässt. Dies ist ganz bezeichnend
dafür, wie es Wimmel in all seinen Arbeiten darum geht, Tiefen-
schichten zu erschließen.

Man könnte den Eindruck gewinnen, eine solch hohe, geradezu mu-
sische Sensibilität für künstlerische Prozesse könne sich nur fernab
der rauhen Wirklichkeit entfalten. Indes weit gefehlt; dies ist vielmehr nur die eine Form einer eigenwilligen Unabhängigkeit, die auf
vielen Feldern zutage tritt. Wimmel ist durchaus auch ein Streiter
wider den Zeitgeist. In den konfliktreichen Jahren nach 1968 hat er

---

[2] Vgl. Walter Wimmels Rezension zu „Francis Cairns: *Tibullus. A Hellenistic poet at
Rome*, Cambridge 1979", in: *Anzeiger für die Altertumswissenschaft* 37,1/2 (1984), 22–
24.

mit Studenten Caesars Unternehmung gegen Avaricum im Modell nachgebaut – eine so diskrete wie elegante Form, ein entschiedenes Gegengewicht zu setzen; Teilnehmer bezeugen bis heute nachhaltige Begeisterung![3] Aus den Forschungen erwuchs 1973/74 eine Mainzer Akademieabhandlung.

In der Sache ist damit ein weiterer Schwerpunkt seiner Arbeiten bezeichnet: die Sachkunde. Eines seiner Spezialgebiete ist beispielsweise historische Waffenkunde, worin er ein international gefragter Experte ist; ursprünglich wollte er eigentlich Ingenieur werden. Das hierin zutage tretende genuine Interesse für durch τέχνη Hergestelltes verbindet sich dabei mit der Überzeugung, dass ‚Gemachtes' nur in seinem Bezug auf das Wirkliche, Konkrete angemessen zu verstehen ist. Nicht zuletzt von daher begreift sich Walter Wimmel als Philologe, der zugleich immer die Verbindung zu den benachbarten Fächern sucht, „um von der früheren Bewegungsfreiheit des Altertumswissenschaftlers […] etwas zurückzugewinnen".[4]

Ich versage es mir, die in diesem Zusammenhang vorgelegten Arbeiten näher vorzustellen, und will nur noch eine Studie nennen: die 1981 erschienene Monographie „Die Kultur holt uns ein" mit dem bezeichnenden Untertitel „Die Bedeutung der Textualität für das geschichtliche Werden" – ein großangelegter Entwurf von bemerkenswerter Originalität, der die Folge der Anfangs-, Höhepunkts- und Niedergangsphasen von Homer an verständlich zu machen sucht und weit über das Fach hinaus Aufmerksamkeit gefunden hat.

Ein Rezensent bemerkte dazu, dass Wimmel hier, ungeschützt durch seine Fachkompetenz, in seiner Menschlichkeit sichtbar werde. Das gilt a fortiori für die ausführliche wunderbare Laudatio, die

---

[3] Auf der Festveranstaltung hatte die Wimmel-Schülerin Else Zekl die Sicht der ehemaligen Seminarteilnehmer zur Sprache gebracht: „Was wir damals unter Anleitung von Professor Walter Wimmel als etwas Ungewöhnliches unternommen haben, nämlich neben Text, Grammatik und Interpretation auch die praktischen Dinge der römischen Welt unter die Lupe zu nehmen und uns tatkräftig sichtbar zu machen, das ist in den heute verwendeten Schulbüchern in Verbindung mit Tagesausflügen nach Xanten, zur Saalburg und nach Trier inzwischen Alltag geworden. Damit war der Laudandus seiner Zeit weit voraus."

[4] Vgl. Walter Wimmel: *Die technische Seite von Caesars Unternehmen gegen Avaricum (B.G. 7,13ff.)*; Abhandlungen der geistes- und sozialwissenschaftlichen Klasse der Akademie der Wissenschaften und der Literatur (Mainz) Bd. 9/1973, Wiesbaden 1973, 3.

er aus Anlass des 65. Geburtstags seines Lehrers Karl Büchner gehalten hat und die glücklicherweise gedruckt worden ist. Sie gibt viel
von seinen eigenen Überzeugungen und seiner Auffassung der philologischen Tätigkeit zu erkennen. Wimmel bezieht in dem Streben,
den wissenschaftsgeschichtlichen Ort seines Lehrers zu bestimmen,
explizit Distanz zum Klassizismus ebenso wie zum Historismus, gegen die er mit offensichtlicher Sympathie den „Protest des Lebens"
setzt, um auf diesem Hintergrund dann, als Neuansatz markiert, an
Büchner eine unbändige und durchaus naive Freude am Umgang mit
den Texten hervorzuheben, einen Spaß am Lesen- und Verstehen-
können, an der Zwiesprache mit den Autoren. Dabei gelangt er zu
der geradezu humanistischen Formulierung, dass es sich hierin um
eine Form des „Weiterschreibens" handele.

Doch es geht nicht einfach nur um Schreiben. Ein zweites Leit-
motiv fällt an dieser Würdigung ins Auge: das mehrfache Wieder-
kehren des Worts „Kreativität": Geisteswissenschaften besäßen eine
Seite, die im Kreativen wurzele, die dem künstlerischen Konzipieren
gleiche. Büchner habe nie vergessen, dass die innere Nähe des Au-
tors zu allen behandelten Einzelheiten ebenso wie für den Dichter
auch für den Humanisten gelte. Und eben dies kennzeichnet in her-
ausragendem Maße zugleich Walter Wimmel selbst.

Jürgen Paul Schwindt (Heidelberg)

Die Magie des Zählens
Zur cantatorischen Statur der Dichtung

(Catull, cc. 5 u. 7; Horaz, c. 1, 11)[*]

Walter Wimmel,
dem verdienten Erforscher
der augusteischen Literatur,
zum 27. September 2012

Mit dem Irrationalen in der römischen Literatur und Kultur hat sich die moderne Erklärung lange verteufelt schwer getan. Es war nicht zu leugnen, daß die überkommenen Zeugnisse der alten Welt von einem distinkten Ordnungswillen der kulturschaffenden Klasse kündeten: Schon die Entwicklung der Literatur und ihrer Formsprache schien einem inneren Plan zu folgen, der mit beeindruckender Konsequenz so ziemlich alle Gattungen der griechischen Literatur erfaßte und sie, eine nach der anderen, aus dem Grundriß des Überlieferten zu neuer, *römischer* Größe aufführte. Oft hat die Literaturgeschichtsschreibung der frühen und mittleren Kaiserzeit das Ihre dazu getan, daß selbst einzelnen, herausragenden Autoren eine innere Werk- und Entwicklungsgeschichte zugetraut wurde, indem etwa Vergil nach puerilen Anfängen in der „leichten" epigrammatischen Dichtung über die Verfassung der *Bucolica* hin Fahrt aufgenommen, dann mit vollen Segeln die *Georgica* behandelt hätte und schließlich beim Riesenbau des mythopoetischen Hauptstaatsaktionentheaters der *Aeneis* gelandet wäre: Das „pascua, rura, duces" des Sueton gibt die Formel, die das auf Vollendung gerichtete Treiben des Dichters am kürzesten ausstellt.[1]

---

[*] Deutsche Fassung meines Beitrags zum Internationalen Kolloquium des *réseaus* „La poésie augustéenne" zum Thema „Augustan Poetry and the Irrational", das im Spätsommer 2012 am Trinity College der Universität Cambridge stattgefunden hat. Wieweit die hier präsentierte Untersuchung nach ihren Fragehorizonten und Darstellungsmodi den Forschungen gerade auch Walter Wimmels verpflichtet ist, wird sich dem kundigen Leser leicht erschließen.

[1] Suet.-Don., vita Verg. 36.

Nimmt man dann noch die „Vorgeschichte" der Klassischen „Reife-
zeit" hinzu, also besonders Lukrez und Catull, dann könnte in einer
solchen entwicklungsgeschichtlichen, *rationalen* Ansicht der Gang
der Dinge der folgende gewesen sein: Die römische „Klassik" ent-
wächst ganz in der gleichen Weise, wie sich Goethe und Schiller der
Sturm und Drang-Periode entwanden, ihren sentimentalen, barock-
neoterischen Kinderschuhen, verabschiedet sich von der tumultuö-
sen *condicio* des spätrepublikanischen Untergangsfiebers und ringt
sich zu einer neuartigen, vom Wildwuchs einer ungezügelten Phantasie befreiten, domestizierten Formsprache durch. Diese These, die
einige unserer Kollegen bis in die siebziger Jahre hinein unbefangen
in voluminöse, aber gut verkäufliche Geschichtserzählungen geklei-
det haben, ist zu schön, um wahr zu sein. Stichprobenhaft durch-
geführte Textsondierungen bringen es schnell an den Tag: Weder
kämpfen Lukrez und Catull mit den Dämonen der Finsternis noch
herrscht in den Texten der augusteischen Zeit durchweg das apolli-
nische Maß.[2] Ich fürchte auch, es wird überhaupt schwer sein, eine
vernünftige oder wenigstens einleuchtende Entscheidung darüber zu
treffen, was von Fall zu Fall als „rational" oder „irrational" zu gelten habe.

Von Zeit zu Zeit ist es gut, sich an die Mathematiker zu halten,
die ihre ganz eigenen Erfahrungen mit der Unterscheidung eines Rationalen von einem Irrationalen gemacht haben. Vielleicht kennen
Sie zufällig die Gründungsanekdote der Mathematik der irrationalen
Zahlen? Es war nach der Überlieferung der Pythagoreer Hippasus
von Metapont, der diese nicht als Verhältnis (*ratio*) ganzer Zahlen
beschreibbare Größe entdeckte[3] und so die erste „Grundlagenkrise"
der älteren griechischen Mathematik heraufrief.[4] Vollends die Be-
kanntmachung seiner Entdeckung wurde nach den ungeschriebe-
nen Regeln der Pythagoreergemeinschaft als schlimmer Geheimnis-

---

[2]   S. die Einleitung des Bandes *Paradox and the Marvellous in Augustan Literature and
      Culture*, hrsg. v. P. Hardie, Oxford 2009, S. 1–18.
[3]   S. etwa K. v. Fritz, The Discovery of Incommensurability by Hippasos of Metapontum,
      Annals of Mathematics 46, 1945, S. 242–264.
[4]   S. etwa L. Brunschvicq, Le rôle du pythagorisme dans l'évolution des idées, Paris 1937,
      S. 21 ff., u. die kritischen Einwendungen bei W. Burkert, Weisheit und Wissenschaft.
      Studien zu Pythagoras, Philolaos und Platon, Nürnberg 1962, S. 431–440.

verrat betrachtet.[5] Als Hippasus später im Meer ertrank, wurde dies Unglück als göttliche Strafe gedeutet. Ich wüßte – vor Anbruch der Banken- und Weltwirtschaftskrise – von keinem anderen Fall, wo die Entdeckung bloßer Zahlen vergleichbar irrationale Folgen gezeitigt hätte.

Der Einbruch nichtrelationaler Verhältnisse in ein mathematisches Weltbild, das, salopp gesprochen, die Reinheitsgebote pythagoreischer Diaitetik (*abstine fabis*) auf die Welt der Zahlen hoch- oder herunter(?)rechnete, mußte die vorsokratischen Ganzheitlichkeitsdenker empfindlich treffen. Wenn schon die Arithmetik nicht mehr mit nur ganzzahligen Größen zu bestreiten war, wie sollten da nicht auch die Grundlagen der Ethik in unangenehmste Mitleidenschaft gezogen werden?

Nun, ganz so überraschend ist es nicht, wenn das Werk der Zahlen mit einem Mal nicht mehr als Kronzeuge der Weltvernunft in Frage kommt.

Wenn ich zähle, bringe ich (korrigieren Sie mich!) eine elementare Struktur in die mich umgebende oder in meinem Kopf präsente Dingwelt. Aber welcher Art ist diese Struktur? Ist sie etwas Vernünftiges? Jeder von uns hier im Raum wird die Dinge um uns herum anders zählen, bei einem je anderen Ding die Zählung beginnen und enden lassen und so ganz unterschiedliche Zahlenmengen zustande bringen, das eine für zählbar oder zählenswert, andres für unzählbar halten. Was aber macht das Zählen mit den Dingen? Zunächst bringt es sie in eine imaginäre, voluntativ oder unwillentlich konstituierte Folge. Für erstere wird sich der Philosoph oder Pädadoge, für letztere der Künstler, für beide der Psychiater interessieren. Den Mathematiker lassen sie kalt. Es ist nicht eben eine Gattungsfrage, wenn Köpfe und Stühle und Stifte bunt miteinander zu Zahl und Reihe verbunden werden. Wo sich aber das Zählen um Gattungen und Gattungsgrenzen zu scheren beginnt, entstehen sogleich erste Ordnungen, ontobiologische Zweizeller gewissermaßen, bei denen das Zählen mit der Handlung des Ordnens verknüpft wird. Jetzt würde die Auslassung eines Kopfes der *table ronde* nicht

---

[5] S. wiederum Burkerts Kritik der Überlieferung, ebd., bes. S. 433–440, u. B.L. van der Waerden, Die Pythagoreer. Religiöse Bruderschaft und Schule der Wissenschaft, Zürich/München 1979, S. 71–73.

mehr der schweifend assoziativen Laune des Zählers geschuldet sein, sondern allerlei Fragen aufwerfen: Ist Gregor, ist Boris, ist Walter etwa kein Mensch oder Mann, kein Wissenschaftler oder Philologe, Freund oder Feind etc. etc.? Warum zählt er nicht mit, warum zählt er nicht zu? Im äußersten Fall wird das Zählen zum dekretorischen Akt, wenn die *eine* Zahl erfüllt ist, wenn das Maß voll ist und das Überzählige aus der Rechnung herausfällt, nicht in Rechnung gestellt wird.

Ist nun das, was zu der *einen* Zahl nicht zuzählt, das Überzählige also, das Unberechenbare? Ist das Irrationale das, was nicht zählt, was sich nicht rechnet, das Überzählige, die überzählige Zahl?

Manchmal tut die elaborierte Dichtkunst der Neoteriker und der Augusteer so, als sei sie nichts als schlicht gewirkte, „volkstümliche" Dichtung. In solchen Momenten besinnt sie sich auf das Maß ihres Sprechens und Singens, den Numerus, die Zahl der Silben und Füße und Zeilen und Strophen. Dann hört sie in sich hinein und lauscht auf das innere Gleichmaß der Rede … Nicht alles, was in unseren alten, vielgescholtenen Handbüchern steht, ist falsch. So stellen Schanz und Hosius allerlei Mutmaßungen darüber an, wie sich Dichtung irgendeinmal konstituiert, besser: ergeben, ich will nicht sagen: ereignet haben mag.[6] Da brummen die Schiffsleute im Takt ihrer wasserpeitschenden Ruder, da singen die Schnitter in den Rebhängen, die Kornknechte in den Scheunen und auf der Tenne, wie sie das Getreide dreschen. Dgl. Konstruktionen finden ihre Stütze in den Selbstsichten, die uns die verkappten Literaturgeschichten der klassischen Zeit mitteilen. Nehmen wir noch das Wiegenlied der Amme hinzu, das das gleichmäßige Schaukeln des Säuglings begleitet, die Sprüche und Formeln auf den Lippen der Staunenden, bald im Guten, bald im Bösen überraschten, und vergessen wir auch nicht den Beter, der nach dem schönen, darum aber noch nicht richtigen Modell von Hermann Usener erst nur das Augenblicksgötterwalten in einem Namen beschwor, dann in immer ausgedehnteren Periphrasen und Allusionen den Gott umschrieb

---

[6]   M. Schanz u. C. Hosius, Geschichte der römischen Literatur bis zum Gesetzgebungswerk des Kaisers Justinian. 1. Teil: Die römische Literatur in der Zeit der Republik, München ⁴1927, S. 13–15 (mit Nachweisen).

und so in die Mitte seiner Not oder seines Glückes hineinzuholen suchte.[7]

Verstehen Sie mich nicht miß: Dies ist kein Plädoyer für eine Rückkehr zu romantischen Einstellungen. Es ist der Versuch, eine Gedächtnisspur zu beschreiben, die in manchen elaborierten Texten der dichterischen Moderne mitunter unvermittelt auftaucht. In den Kommentaren lesen wir dann Bemerkungen wie: ‚Der Ton des Liedes ist volkstümlich‘, der Ausdruck ‚schlicht‘, ‚natürlich‘ und ‚ungezwungen‘ und dgl. mehr.

Nun, was unterscheidet die Erinnerungsspur der Dichter von den eben benannten „volkstümlichen" Kontexten? Nicht nur die elegische, jede römische Dichtung in der hier interessierenden Phase der Literaturentwicklung ist in einem pointierten Sinne werbende Dichtung, weil sie sich je und je ihres Ortes in der bürgerlichen Gemeinschaft versichern muß und sei es auch nur dessen, daß sie dieser den Narrenspiegel vor Augen hält. Von Zeit zu Zeit sieht sie sich aber auch gerne selbst im Spiegel der großen alten Erzählungen von den Anfängen, den konstitutiven Handlungen der Gemeinschaft und kleidet sich in das Garn der Volksnähe, versetzt sich zurück in eine Zeit, in der die litterale Kultur, in der Urbanität und die subtilen Mechanismen einer professionalisierten Welt noch in weiter Ferne lagen. Es ist kein Zufall, daß Bukolik, Georgik, Epigramm und Elegie, Epodik und Lyrik, also die prominenten Gattungen jener Umbruchszeit, die Szenarien und zuweilen auch die Medien ihres Sprechens primitivieren, archaisieren, dekomplexisieren, wenn so die substantiellen Anliegen der künstlerischen Rede in markanten, einprägsamen Strukturformeln besser zu Tage treten können. Maß genommen wird also jeweils dort, wo die Dinge überschaubar sind. Mit den schlichten, überschaubaren Formen geschieht nun aber etwas sehr Merkwürdiges. Sie werden ganz offenkundig durch die beständige Pflege und ihre überaus häufige Aufrufung zu Sinnbildern einer elementaren, d.h. strukturgebenden Ordnung, die nunmehr geradezu idolatrische Verehrung auf sich ziehen kann. In den ersten Zahlen erkennt und verehrt man die grundlegenden Dinge des Lebens. Bei den Pythagoreern gleichen sie ihnen nicht, sie *sind* es. Die Zahlen werden

---

[7]   H. Usener, Götternamen. Versuch einer Lehre von der religiösen Begriffsbildung, Bonn 1896, bes. S. 279–301.

zu Autoritäten, die auf den parataktischen Verbund der Zahlenreihe
nicht länger angewiesen sind. Sie kennen nicht Weiterung noch Min-
derung. So kommt es, daß die Zahlen von relationalen zu absoluten
Größen werden. Die gesellschaftliche Routine hindert nicht, daß die
einfachen Zahlen in der gewöhnlichen Rede als Rückstände eines
überwunden geglaubten primitiv-magischen Lebens überbleiben.[8]

Untersucht man das Corpus des Catull und der augusteischen Dichtung auf den Bestand an Zahlen hin, wird evident, daß das ergebnis-
offene Zählen seinen Ort in der Dichtung nicht hat. Der *poeta nu-
merans* rekurriert vielmehr regelmäßig auf einfachste Zahlenreihen,
Eine Aussage wie: „In dem vorderen Gastraum traf er auf sieben-
undzwanzig Mädchen, dreizehn Geräte aus Silber zierten den Lang-
tisch" werden wir in unseren Texten außerhalb dezidiert historisch-
chronologischer Erzählungen nicht finden. Die acht potentiellen
Sänftenträger in Catull c. 10 sind ebenso wie das irre Glücksverspre-
chen neunmaliger Heimsuchung der Geliebten (*novem continuae fu-
tutiones*, c. 32, 8) Entgleisungen, die der Mimesis alltäglicher Prahl-
rede geschuldet sind: Authentizität soll durch Zahlen verbürgt sein,
die nicht schon auf den ersten Blick die triviale Erwartung bedienen.
    Neben die kleinen Zahlen von eins bis zwölf tritt die stattliche
Gruppe der eine unendliche Zahl vorstellenden „Scheinzahlen", also
sescenti und *milia* und dgl. mehr. In manchen Gedichten sind beide
Gruppen enggeführt. Betrachten wir Catull, c. 5:
    Da steht am Anfang das Verdikt über die Übelreden der allzu stren-
gen Alten, diese, so der Sprecher, *omnes unius aestimemus assis* (v. 3).
Nur ein As soll uns das Gerede der andern gelten![9] Wenn nämlich ein-

---

[8] Es fehlt nicht an wissenschaftlichen Studien, die die Geschichte und Bedeutung der an-
     tiken Magie, auch im Spiegel der literarischen Überlieferung, behandeln. Wenig überra-
     schend liegt der Focus der Untersuchung in aller Regel auf den realen Überbleibseln der
     Epoche, also v.a. den Fluchtäfelchen, und – andererseits – auf dem personalen Inventar
     der literarischen Texte, also den Hexen und Zauberern. Die weniger offensichtlichen
     Formen und Praktiken magischen Denkens und (warum nicht auch?) Dichtens bleiben
     unerörtert. Ich verzichte daher auf den Katalog der Monographien und Sammelbände zu
     „Hexen, Geistern und Dämonen".
[9] Wenn wir einer Spur folgen, auf die T.P. Wiseman zuerst aufmerksam gemacht hat,
     setzte die Logik des Rechnens, des Wägens und des Tauschs vielleicht schon früher
     ein: Varro Men. 346B *vive meque ama mutuiter* entstammt einer Satire mit dem Unter-
     titel ‚On coins'! (*Catullus and his world. A reappraisal*, Cambridge u.a. 1985, S. 139,
     Anm. 37).

mal das kurze Licht, das uns leuchtet, erloschen ist, wartet nur noch die eine, ewige Nacht auf uns. Die erste Gedichthälfte hält nur die restringierten Zahlbegriffe, das „nur 1!" des Hier und Heute bereit, die zweite Hälfte beginnt dann das große Zahlenspiel um die hundert- und tausendfach zu küssenden Küsse. Diese Zahlen stiften nicht Ordnung, sondern Verwirrung, eine Verwirrung freilich, die der wilde Küsser zu nutzen weiß: *conturbabimus*[10] *illa, ne sciamus, / aut ne quis malus invidere possit, / cum tantum sciat*[11] *esse basiorum* (v. 11–13).

Das Wissen um die Zahl der Küsse schüfe, so die abwehrende Vorstellung, Verderben,[12] weil es Kontrolle auf einem Felde ermöglichte, das den Regeln des Zählens und Rechnens gerade nicht unterliegen soll. Aber warum zählt und rechnet der Dichter dann dem zum Trotz?[13] Warum bedient er sich des bürgerlichen Rechenstabes,[14] wenn er doch auf die Meinung der kleinlichen Rechner nichts gibt? *Omnes unius aestimemus assis*! Warum gießt er den Schrecken der Todesnacht wieder im nackten Zahlbegriff zusammen?[15] Warum

---

[10] *Conturbare* ist wie das vorausgehende *facere* (v. 10) als *t.t.* des Finanzwesens etabliert: „Bankerott machen". Siehe die Kommentare von W. Kroll, Stuttgart ³1959, u. C.J. Fordyce, Oxford 1961, *ad loc.*, u. vgl. jetzt T. Baier, der Lucr. 4, 1058–1072 (bes. 1070: *si non prima novis conturbes volnera plagis*) im Lichte der Catull-Stelle zu verstehen sucht: „Catull geht es mit seinem *conturbare … darum*, durch Verwirrung/Bankerott jede Einflußnahme von außen abzuwehren. Lukrez dagegen verwirrt den Affekt selbst, setzt diesen durch inflationäre Liebesbeziehungen bankerott. Während Catull abergläubisch die Liebe vor böser Magie retten will, entlarvt Lukrez diese ihrerseits als eine Art Aberglauben" (*Das Irrationale bei Lukrez*, WJB 34, 2010, S. 97–114, dort S. 100).

[11] Für die durch Priap. 52, 12 (*cum tantum sciet esse mentularum*) gestützte Lesart *sciet* hat jetzt wieder J.M. Trappes-Lomax, Catullus. A textual reappraisal, Swansea 2007, S. 45, plädiert.

[12] Wie wenig wir über Stellenwert und Funktion der Zahlenmagie in der hier interessierenden Zeit wissen, lehrt unfreiwillig der Aufsatz von M. Dickie, Malice, envy and inquisitiveness in Catullus 5 and 7, PLLS 7, 1993, S. 9–26, bes. S. 14f.

[13] Treffend taufte schon N.T. Pratt unser Gedicht „The numerical Catullus 5" (CPh 51, 1956, S. 99–100) und interpretierte die Zahlenrede als die strukturbildende Instanz des Epigramms.

[14] Es liegt mir fern, die Diskussion um den *abacus*, das Rechenbrett, wieder aufleben zu lassen, die nach H.L. Levys Aufsatz, Catullus, 5, 7–11 and the abacus, AJPh 62, 1941, S. 222–224, fast dreißig Jahre lang die philologischen Magazine beherrschte. Siehe die Doxographie bei E.A. Fredericksmeyer, Observations on Catullus 5, AJPh 91, 1970, S. 431–445, dort S. 434.

[15] Und wieder in der „Eins"! Über die im Oxymoron *omnes unius* (v. 3) nur präludierte, gedichtkonstitutive Opposition der Eins und des Unübersehbar-Vielen handelt am treffendsten S. Commager, The structure of Catullus 5, CJ 59, 1964, S. 361–364, dort S. 362.

kleidet er sein doch wohl unermeßliches Begehren in den Rechenka-
talog[16] hunderter und aberhunderter Küsse? Warum häuft er selbst,
ein gewissenhafter Ökonom der Lust, die Küsse zum kapitalen Cu-
mulus (*cum milia multa fecerimus*, v. 10),[17] wenn er doch nicht zu-
lassen will, daß ein anderer die Zahl der Küsse überschauen könnte?
Und warum nimmt er am Ende des Gedichts erneut Rücksicht auf
die Banausen, deren Brüder im Geiste er doch schon gleich zu Beginn zum Teufel geschickt hatte?

Wir haben es hier mit einer Geringschätzung der Zahlen zu tun,[18]
die dem engen Korsett des Zählens und Rechnens am Ende doch
nicht entkommt. Oder vielmehr ist es die Pointe des Liedes, daß einer zählend und wägend die unterstellte Logik der Zähler und Wäger
Lügen straft[19] und es ihnen in gleicher Münze heimzahlt.[20] In gleicher Münze? Nun, man sollte wohl eher sagen „in gleicher Münze,
nur inflationär gebraucht". So entwertet man das Geld der kleinlichen Rechner. Von der materialen Währung einmal nicht zu reden.
Küsse sind das Kapital der übermütig Liebenden. Ein Kapital freilich, dessen numerisch präzises Maß sich nur den Küssenden erschließen soll. Es ist mithin keine Währung mehr. Und so gäben sie
auch wohl selbst ihr Wissen um die Zahl der Küsse preis (... *ne sciamus, / aut ne* ...), verlegten den Schlüssel, den Zugang zum Schatz
ihres glücklichen Naturalientauschs. Wo nicht Geld hinterlegt, nicht
Handelsware verstaut, sondern das symbolische, virtuelle Kapital

---

[16] J. Évrard-Gillis, La récurrence lexicale dans l'œuvre de Catulle, Paris 1976, hat die
     Struktur der Termenakkumulation im Catull untersucht und 18 Fälle allein für die Grup-
     pe der polymetrischen Gedichte nachgewiesen (S. 174–176). S. bes. S. 196 zu 5, 7–9,
     „ou l'accumulation, en convergence avec d'autres procédés stylistiques, évoque à mer-
     veille la frénésie amoureuse".

[17] „*Fecerimus*, a seemingly noncommittal word, is also a technical term from accounting",
     J. Ferguson, Catullus, Lawrence/Ka. 1985, S. 22. Ähnlich Wiseman, ebd., S. 104 (mit
     interessanter Beziehung auf andere Artikulationen der „financial attitudes" des Catull).

[18] Ganz im Unterschied zu den in der A.P. überlieferten Beispielen aus einer beachtlichen
     Tradition des *epigramma arithmetikon* (14, 1–4, 6–7, 11–13, 48–51 u. 116–147), wo auf
     „wirkliche" Zahl-Fragen wirkliche Antworten möglich sind. Siehe hierüber F. Cairns,
     Catullus' *basia* poems (5, 7, 48), Mnemosyne 26, 1973, S. 15–22, dort S. 15–17.

[19] Siehe etwa die sehr subtile Zahlzeichengestensymbolik bei Ferguson, ebd., S. 22 f. (und
     vgl. die ältere Arbeit von R. Pack, Catullus, *carmen* V: abacus or finger-counting?,
     AJPh 77, 1956, S. 47–51).

[20] Siehe K. Quinn, The Catullan Revolution, Melbourne 1959, S. 109 Anm. 21, u. Com-
     mager (wie Anm. 15), S. 362.

einer sich unbekümmert verausgabenden Liebeserfahrung gehäuft wird, werden Zahlen zu Chiffren einer Erfahrung, die inmitten der banalen Tauschewelt das Fluchtbild einer unverlierbaren, gegen die „Verhexung" von außen immunisierten Zone stiftet.

Die Catullische Magie des Zählens ist eine zwiespältige: Im cantatorischen Gestus beschwört sie die unverlierbare Macht der Zahlen und verfällt ihr doch nicht.[21] Es ist ein Ansingen gegen die verderbliche Gewalt der Zahlen, verderblich, wenn sie in die falschen Hände und Köpfe gerät. Die Magie des Zählens streitet gegen die Entzauberung dieser fiktionsimmanenten Welt. „Catull, der Herr der Zahlen."[22]

Die epigrammatischen Dramolette des Catull erinnern an die delikate Performanz von Zwangshandlungen. „He is a maniac", ein Chaplin der republikanischen Spätzeit, der sich im Gebälk des schon morschen Hauses eingerichtet hat und von Zeit zu Zeit die Mäuse in den noch immer fetten Speichern zum Tanzen bringt. Tief im Holze sitzend, spielt er noch einmal das Stück, das unten in den Straßen tagaus tagein gegeben wird und die Massen mehr schlecht denn recht erfreut. Alle ihre Urteile und Meinungen schmilzt er in dem einen verächtlichen As zusammen. Die magere Münze im Klingelbeutel der bürgerlichen Mahner konfrontiert er mit dem wuchtigen Bild auf der anderen Seite der Wägung: der einen zu durchschlafenden ewigen Nacht. Umgekehrt aber nimmt er es sich heraus, die Summe der überschaubaren Zahlen ins Unendliche zu dehnen und gar in einer Währung, in der auf dieser Erde nichts zu erstehen, nichts zu erkaufen, nichts zu ertauschen ist. Doch auch hier noch sollen die lumpigen Übelredner ihren Auftritt haben und die Zahl der geküßten Küsse erst zu erraten, dann mit neidischem Blick zu verhe-

[21] Auf dem hier interessierenden Felde ist neben Charles Segal am weitesten vorgedrungen H.D. Rankin, dessen knappe Analysen der Gedichte 5 u. 7 das von älterer Forschung entwickelte Bild entscheidend korrigieren. C. 5 bestimmt er als „a poem of anxiety" und fährt dann fort: „Its obsessive repetitive phrases about the number of kisses have something primitive and spell-like in them, as if the passionately repeated words would influence reality and make an insecure love secure" (*The Progress of Pessimism in Catullus, Poems 2–11*, Latomus 31, 1972, S. 744–751, dort S. 747).

[22] Weiterführend ein Hinweis von Cairns (wie Anm. 18), der die Catullische *fascinatio* mit guten Argumenten mit der *baskanía* des Kallimacheischen *Aitien*-Prologs verbindet (S. 19). Gute Beobachtungen zu Sprache und Form des Katalogs 5, 7–9 bei C.P. Segal, Catullus 5 and 7: A study in complementaries, AJPh 89, 1968, S. 284–301, dort S. 287f. Auf S. 297 spricht Segal mit Blick auf die Zeilen 5, 7–11 von „the almost incantatory magic of his [*sc.* Catullus'] passion: *da mi basia mille, deinde centum …*".

xen suchen. Die Magie der Catullischen Zahlen liegt in c. 5 in der Verbindung des restringierenden Gebrauchs der (pythagoreischen) Nichtzahl „eins" mit der wie rauschhaft induzierten Wahnsinnszahl geküßter Küsse. Der grauen Uniformität der Einzahl der Massenmeinung und des Todes stehen nun die harlekinesken Zahlen der Küsse entgegen, die sich als Augenblickslichter der magischen Fixierung entziehen.[23]

Zwei Gedichte später ist es offensichtlich, daß die „bürgerliche" Zahl zur Erfassung dessen, was den Sprecher umtreibt, wenig taugt. Die Antwort auf die der Geliebten in den Mund gelegte Frage, ... *quot mihi basiationes / tuae ... sint satis superque* (c. 7, 1 f.), arbeitet nicht mehr mit Zahlen, sondern in Bildern, die die potentielle Unendlichkeit des Küssens aussagen sollen. Indem in den beiden Versatzstücken der Antwort immer mehr mitgeteilt ist, als zur Beantwortung der Frage genügt hätte, markiert der Dichter den Umriß eines Denkens, das die Quanten der bloßen Numerik in die Tanta einer Intensität übersetzt, die dem gelehrten so gut wie dem schlichtesten Kopfe eingeht.[24] In beiden Teilen greift die Antwort aus in räumliche Fernen, zunächst in die libysche Wüste, dann zu den nächtlichen Sternen.[25] Der für den Wüstenvergleich natürliche Mangel an räumlicher Präzision wird ausgeglichen durch eine kuriose Orts- und Entfernungsangabe,[26] die auf mindestens drei Ebe-

---

[23] Vgl. die weitergehende Interpretation von E. A. Schmidt: „Und diese Liebe ... kann als unersättliche Leidenschaft nicht dargestellt werden durch Liebesvereinigung als ihre Krönung, weil diese als ein Ende auch Tod und Nacht vergegenwärtigt, wie Horaz, c. 3, 28 zeigt. Daher die Küsse und ihre großen Zahlen und das Zählen, spielerische ‚Quantifizierung' der Liebe in Intensität und Dauer" (Catull, Heidelberg 1985, S. 112).

[24] Unterscheidungen, die einer bloß stilistisch-rhetorischen Auswertung leicht entgehen (s. etwa Évrard-Gillis, ebd. S. 118: „Dans un poème fait de variations sur le grand nombre, les deux *multa* constituent des relais d'une chaine dont les autres maillons sont *quot* [v. 1], *satis superque* [v. 2 et 10], *magnus numerus* [v. 3], *pernumerare* [v. 11]"). Treffend dagegen schon E. A. Schmidt, Zwei Liebesgedichte Catulls (c. 7 und 51), WS 86, NF 7, 1973, S. 91–104, dort S. 94.

[25] Siehe Segal (wie Anm. 22), S. 293: „Everything in Seven is contemplated at a distance. The very first word of the poem, *quaeris*, suggests a calm moment when the lovers talk ... and indulge in verbal, not physical expressions of love".

[26] J. Jacquier hat in ihrer vergleichenden Analyse von Baudelaires *Lesbos*-Gedicht und Catull c. 7 beobachtet, wie in letzterem der „Kontrollzwang der Außenwelt in die genaue Eingrenzung eines Landstrichs (V. 5 f. ...) (übersetzt)" ist (*Fragmentierte Antike. Auf den Spuren einer modernen* chrêsis *in Charles Baudelaires* Fleurs du mal, Heidelberg 2010, S. 74).

nen weitere Präzisierungen bereithält: 1) zeitlich: wenn als erster
Zielpunkt das Orakel des *Zeus*, als zweiter das Grabmal des *alten
Battus* benannt wird; 2) durch die Differenzierung profaner und
sakraler Räume, wenn Cyrene als das Land des handelsträchtigen
Silphiums an zwei mythhistorisch relevanten Stätten, Zeusorakel
und Battusgrab, identifiziert wird; 3) qualitativ: durch die von der
enallage adiectivi noch betonte Hervorhebung der Hitze des Landes.[27]

In c. 7 kündigt der Dichter den Kontrakt der Zahlen auf und lockt
die Fragerin in einen geographischen Raum, der nicht in nackten
Zahlen vermeßbar ist, sondern durch die Verbindung des Kleinsten,
der seit Homer etablierten[28] poetischen Chiffre des Unzählbaren,
des Sandes, mit dem Größten, der Weite des Wüstenraums, die pla-
ne Unmöglichkeit befriedigender Auskunft zu erkennen gibt. Seine
Grenzen markieren ihn als einen Raum, der von alters her die Spuren
des Altehrwürdig-Heiligen bewahrt hat.[29]

Der unverhohlenen Exotik des Wüstenbildes korrespondiert im
zweiten Teil der Antwort ein betont schlichtes, „volkstümliches"
Bild: *aut quam sidera multa, cum tacet nox, / furtivos hominum
vident amores* (v. 7 f.). Unterschätzen wir nicht das Potential der einfachen Bildrede:[30] Der Dichter gibt uns nicht ein reduziertes „Soviele Sternlein am Himmel stehen", sondern malt, mit vernehmli-
cher Allusion an die Gebärden eines kindlichen Staunens, eine Welt
in Bewegung: Sterne, die nicht stehen, sondern sehen, eine Nacht,
die nicht einfach da ist, sondern schweigt, und Liebschaften, die man
nicht bloß hat, sondern die Dieben gleichen, wie sie Sternen und
Nacht und der betrogenen Unschuld vertraut sind.[31] Wie unerheblich

---

[27] Vgl. jedoch unten Anm. 38.

[28] E.T. Merrill, Catullus, Cambridge/Mass. 1893 verweist *ad loc.* treffend auch auf Gen.
13, 16.

[29] Über den evidenten Kallimachos-Bezug brauchen wir an dieser Stelle einmal nicht zu
reden. Ich verweise nur etwa auf Cairns (wie Anm. 18), S. 17–20, u. B. Arkins, Catullus 7, AC 48, 1979, S. 630–635, dort S. 632.

[30] Ich erinnere an W. Fitzgeralds Einsicht: „Hidden learning is substituted for sexual se-
crets" (*Catullan Provocations. Lyric Poetry and the Drama of Position*, Berkeley/Los
Angeles/London 1995, S. 55).

[31] Vgl. Segal (wie Anm. 22), S. 296: „The stars not only see men's loves, but provide a
commentary – in the context, an almost pathetic commentary – on their futile efforts at
concealment" (s. auch S. 299).

ist da die Zahl! Die Unzahl der hier in sprechende Bilder der Fremde und des heimlich Vertrauten übersetzten Küsse kann kein neugieriger Kopf erzählen (*quae nec pernumerare curiosi / possint*, v. 11 f.) noch kann eine böse Zunge sie verhexen (*nec mala fascinare lingua*, v. 12).

Die Behexung zu verhindern, braucht es entweder den Überstieg in die unendliche Zahl (c. 5) oder die Anwendung eines exquisiten, doch probaten Mittels: Nennen wir es der Einfachheit halber die Verzauberung der Welt. Die Verzauberung der Welt ist das Gegengift, vermöge dessen sich die Liebenden dem Zugriff auf ihr Glück entziehen. Wie sehr der Catull des 7. Gedichts auch selbst schon dem „Wahn" verfallen ist, zeigt seine Prädikation als *vesanus* (v. 10) an. Zauber ruft Gegenzauber hervor.[32] In einer gewissen Weise, selbstverständlich, ist jede Dichtung, jede gute Dichtung Gegenzauber. Man nimmt sich ein Stück Welt, bildet es zu Sprache um und setzt es in und gegen die nämliche Welt, nicht notwendig als Dementi oder Korrektiv, oft auch als Momentaufnahme oder Erinnerungsbild, öfter noch vielleicht als Versuch, eine Partialverfügung über das Stück Welt, das sich uns zeigt, zu behaupten und ein *Idion*, die Signatur eines Persönlichen, inmitten der Flucht der Erscheinungen zu setzen. Diese grundständige „Verzauberung" ist bloße Assimilation eines inneren oder äußeren Gegenstandes, Transformation und Metamorphose interessanter Objekte.

Die Catullische Magie des Zählens dagegen scheut sich nicht, den Mechanismen der Macht, der behaupteten oder wirklichen Herrschaftsansprüche frontal zu begegnen, indem sie die Deutungshoheit über die Zahlen als über die vermeinten Herrschaftsinstrumente der anderen sogleich übernimmt und sie ins potentiell Infinite entrückt bzw. durch Bilder der Dichtung ersetzt, die den schädlichen Einfluß der schalen Magie zurückdrängen sollen.

---

[32] A.C. Moorhouse, Two adjectives in Catullus, 7, AJPh 84, 1963, S. 417–418, erinnert an die vom älteren Plinius (nat. 19, 38 u. 46) bezeugte heilende Wirkung des Safts der Silphiumstaude und verweist auf neuere medizinhistorische Studien, wonach das Silphium bes. in der Behandlung seelisch-nervlicher Erkrankungen verwendet wurde: „In line 10 of our poem Catullus calls himself *vesano*. May we not take the point that he implies that he too might stand in need of the medicine?" (S. 418). Vgl. P.A. Johnston, Love and *laserpicium* in Catullus 7, CPh 88, 1993, S. 328–239.

Über diesem Ansingen gegen die Deutungsansprüche von außen gewinnen die Epigramme des Catull jene cantatorische Statur, die sie
auf inhaltlicher Ebene als quasimagische Praktiken,[33] auf formaler
Ebene als substantielle Initialien der Dichtung ausweist. Zählend er-
mächtigen sich diese Verse zu einer Verfassung, die sie als geschlos-
sene Gebilde eigenen Rechts erscheinen läßt.

Halten wir fest, daß wenigstens für die beiden hier untersuchten
Zahlenspiele des Catull das Entscheidende nicht die Größe der ins
Spiel gebrachten Zahlen ist, sondern die Verfügung darüber. Auch
wo die Zahl der Küsse ins Unendliche schießt, haben die Liebenden
das letzte Wort. Sie entscheiden selbst, ob sie die Zahl wissen oder
überhaupt „auf Zahl" küssen wollen. Es muß bei aller Entgrenzung
doch diese letzte Möglichkeit der Kontrolle geben![34]

Das Musterbild einer Rechnung, die (fast) ohne Zahlen aus-
kommt, gibt uns Horaz: *tu ne quaesieris, scire nefas, quem mihi,
quem tibi / finem di dederint, Leuconoe* (c. 11, 1 f.).[35] Es ist evident,
daß das *scire nefas* die Geste der Catullgedichte 5 und 7 reprodu-
ziert. Die Abwehrhaltung bezieht sich jetzt nicht mehr auf ein Außen übelgesinnter Zeitgenossen, sondern auf die gedichtkonstitutive Frage selbst. Diese ist nun nicht mehr launig auf eine Vielzahl

---

[33]   E.A. Schmidt, Zwei Liebesgedichte Catulls (wie Anm. 24), S. 93, zieht einen interes-
santen Vergleich, der das cantatorische Format des Gedichts vielleicht noch in einer anderen Hinsicht erhellt: „Auf die Frage Lesbias (*quaeris*) nach der Zahl der Küsse gibt
Catull sein Orakel, er, Catull, in der Hitze seines leidenschaftlichen Begehrens einem
Jupiter vergleichbar. Das Gedicht ist selbst die Gestaltung dessen, was es in mythologischer Chiffrierung sagt. Der Fragesteller erhält einen Orakelspruch. Catulls Antwort
auf Lesbias Frage ist umschreibend und schwer verständlich wie ein Orakel". Schmidts
Deutung läuft jedoch auf die der hier vertretenen Meinung entgegengesetzte Auffassung
hinaus, wenn er die magische Praxis in c. 7 auf den Schadenzauber der anderen redu-
ziert. Diesem begegne Catull, so Schmidt, durch das Modell der „Heiligkeit der Liebe ... die sie feit. Die Größe der Leidenschaft ist heroische Heiligkeit, die aller Magie,
allem Fluch überlegen ist" (S. 96).

[34]   Vgl. H.S. Commager, Notes on some poems of Catullus, HSPh 70, 1965, S. 84–86: „The
poem is not a lover's cry. It is intended to control the feelings that it expresses, and to
control them by the very form in which it expresses them" (die Formulierung ähnlich
schon in dem im Jahr zuvor erschienenen Aufsatz [wie Anm. 15], S. 363). Vgl. auch
Ferguson, ebd., S. 28.

[35]   Schon Schmidt, ebd. (wie Anm. 23), hat darauf hingewiesen, daß „beide Kußgedichte
vereint ... den besten Verständnishintergrund für Horaz c. 1,11 (bilden)" (S. 112). Vgl.
auch M. Citroni, Poesia e lettori in Roma antica. Forme della comunicazione letteraria,
Rom/Bari 1995, S. 353 Anm. 26.

von Küssen gerichtet, sondern auf das Maß und die Grenze, die die Götter dem Sprecher und „seiner" Leuconoe („reinen Sinnes")[36] gesetzt haben mögen. So ist denn auch aus dem „Du fragst" des 7. Epigramms bei Horaz das „Frag nicht!" des Gedichteingangs geworden. Gegen göttliche Satzung verstößt, wer sich vermißt, die Grenze seines Lebens auf Erden zu versuchen, und zu diesem Zweck gar die „Babylonischen Zahlen" bemüht. Wo Catull durch die ungesteuerte Akkumulation des Küsseglücks den neidischen Rechnungsprüfern zu entkommen trachtete, rückt Horaz die launigen Zahlenspiele der vorderasiatischen Astrologie unter generellen Verdacht.[37] So wenig sich der Sand der sich zwischen ihren sakralen Grenzpunkten erstreckenden cyrenäischen Wüste der Berechnung erschließt, so wenig ziemt es uns zu wissen, wann uns das Ende unserer Tage beschieden ist.

Doch damit sind die Affinitätspunkte der Topologie noch nicht erschöpft. Diese lassen sich ja nicht bloß auf der Konvergenzlinie annähernd gleichen Gebrauchs ermitteln, sondern auch kontrapunktisch: So korrespondiert der Beschwörung des sommerglühenden Wüstensandes in Cat. c. 5 die Aufrufung des Winterbildes in Hor. c. 11. In beiden Bildern wird die Vorstellung der Jahreszeit nicht rein als Jahreszeit entwickelt: Der Sommer des Catull ist semantisch in die kuriose Attribution des „heißen" Zeus eingeschmolzen,[38] der Winter des Horaz steht zunächst metonymisch für das ganze kalendarische Lebensjahr und entfaltet erst in seinem Attributensatz seine spezifische Wirkmacht.[39] In beiden Bildern thront ein Zeus, hier der Wettergott Juppiter, dort der cyrenäische Zeus Ammon. Dieser hat seinen Sitz im Wüstenorakel genommen, auch jener weist den

---

[36] Vgl. die semantische Analyse bei M.O. Lee, Horace *Odes* 1.11: The lady whose name was Leu, Arion 3/4, 1964, S. 117–124, dort S. 120. Lee favorisiert allerdings die Bedeutung „white mind" und nähert den Namen pointiert der Sphäre des Todes an. Auch die von Nisbet/Hubbard, *ad loc.*, erwogene Verbindung mit dem bei Ps. Lact. Plac. (fab. Ov. 4, 12) überlieferten Namen einer Minyade (mit Hinweis auf Ov. met. 4, 168, wo er das korrupte *Leucothoe* verdrängt hat) muß Spekulation bleiben.

[37] Vgl. J. Bollók, Horace and the astrology, ACUD 29, 1993, S. 11–19.

[38] Ich teile die u.a. von Arkins (wie Anm. 29), S. 632, vertretene, auf eine Beobachtung von Moorhouse (wie Anm. 32, dort S. 418) rekurrierende Auffassung, daß das Beiwort wohl auch auf des Gottes Reputation als Liebhaber anspielt, bezweifle jedoch den weiteren Schluß: „The kisses then become those which would be appropriate from a divine being who enjoys love … To the human qualities of the *docta puella* are added the divine".

[39] S. die schöne Würdigung der Stelle durch P.-J. Dehon, *Hiems Latina*. Études sur l'hiver dans la poésie latine, des origines à l'époque de Néron, Brüssel 1993, S. 149–151.

Menschen ihr Los zu: *seu pluris hiemes seu tribuit Iuppiter ultimam* (v. 4).[40] In beiden Bildern öffnet sich der Blick einer sehr konkreten Anschauung; das Leben ist, sei es in der hitzeflimmernden Wüste, sei es auf dem sturmdurchtosten Meere, mitgedacht: Hier, im Horaz, stemmen sich tuffsteinartig vorgestellte Felsen dem andringenden windgepeitschten westlichen Mittelmeer entgegen,[41] dort, im Catull, wird an die Fruchtbarkeit des silphiumreichen Landes und an die hehre Stadtgeschichte (Cyrene als Gründung des Battos) erinnert.[42]

Doch während Catull ein Bild der Entgrenzung zu liefern verspricht, schafft Horaz einen wie unruhig auch immer gezeichneten Raum der Immanenz. Nicht nur führt uns Catulls Landschaft an die südlichen Grenzen des Reichs, während Horaz nur das sonst auch *mare nostrum* genannte Westmittelmeer beschwört, Catull unterläßt es auch, seinen exotischen Süden mit der Imagination des römischen Lesers direkt zu verbinden. Horaz hingegen zieht seinen Leser unmittelbar in die ihm vertraute Erfahrung des Winters hinein und aktualisiert sein Zeitenbild durch ein emphatisches „Jetzt" (*nunc*, v. 5).

D.h., während Horaz' Bild mit der didaktischen *memoria* des Zeitgenossen verbunden bleibt, entgrenzt und entkoppelt Catull seinen Raum. Ich glaube, das ist es, was wir meinen, wenn wir in der Wahrnehmungsgeschichte von „Exotismus" sprechen: die Konfrontation des lesenden Publikums mit einer nur schwach verbundenen anderen Welt. An anderer Stelle[43] habe ich zu zeigen versucht, daß

---

[40] Zur Kopräsenz linear-teleologischer und kyklischer Zeitvorstellungen s. G. Davis, Polyhymnia. The Rhetoric of Horatian Lyric Discourse, Berkeley/Los Angeles/Oxford 1991, S. 159.

[41] Wenn F. Kuhn, Illusion und Desillusionierung in den erotischen Oden des Horaz, (Diss.) Heidelberg 1973, S. 156c–h, die Stelle richtig gedeutet hat, würde der Kampf der z.T. schon geschwächten Elemente (*pumices*) sich auf eine bei Horaz auch sonst nachzuweisende kokette Form der Sprödigkeit in Szenen der Liebeswerbung beziehen lassen (etwa *facili saevitia negat*, c. 2, 12, 25), das „Leben" mithin auch in dieser hintergründigen Dimension, als Konnotat des lebensprühenden Bildes, mitgedacht sein. Vgl. auch G.B. Nussbaum, Dances with Meanings: Horace and His Penguin Translator in an Age of Deconstruction, LCM 19, 1994, S. 69–82, dort S. 78 f. Vgl. daneben die abstoßendplumpen Identifikationen von R. Minadeo, The Golden Plectrum. Sexual Symbolism in Horace's *Odes*, Amsterdam 1982, S. 17–19.

[42] Vgl. auch oben Anm. 26 u. 29.

[43] J.P. Schwindt, Rom und der Osten oder Von der Schwierigkeit, sich zu orientieren (von Catulls Odyssee zu Horaz' Aeneis), Dictynna 9, 2012 (Schlußvortrag auf dem Jahrestreffen des *réseaus* „La poésie augustéenne" im November 2009 in Rom).

der Exotismus des Catull in c. 7 gar so weit nicht getrieben ist, wenn
sein Verfasser den cyrenäischen Ammon immerhin mit dem Namen
des römischen Iuppiter benennt und – wie man noch hinzufügen
kann – die südliche Provinz unter den Auspizien des regen Silphi-
umhandels zitiert wird. Und dennoch: Catulls Leser soll über den
schmalen Grat einer kulturellen Verbindung in ein prinzipiell anderes Land geführt werden. Das Bild des Horaz dagegen konfiguriert
sich nah an der Lebenswelt seiner Adressatengemeinschaft. Es zielt
nicht auf Entgrenzung, sondern – darin nah verwandt der Geste etwa
in c. 1, 9 – auf den Rückzug nach Innen. Das eine Wort: *vina liques*
(v. 6) weist klärlich den Weg, den soviele andere Lieder des Horaz
empfehlen. Am Ende steht die überschaubare Zone der Häuslichkeit
und des damit verbundenen frugalen Lebens.

   Doch wir sind zu schnell. Die Weiche wird schon ein Wort früher gestellt: *sapias* (v. 6). Dieses Kernwort der Horazischen „Weis-
heitslehre" gewinnt unversehens Schärfe und neue Kontur, wenn wir
es mit seinem Catullischen Gegenüber, c. 7, 10, zusammenhören:
vesano *satis et super Catullo est.* Hier Tollheit und Wahn, die nur
im Übermaß der Zärtlichkeit zur Ruhe kommen können, dort der
Aufruf zu weiser Maßhaltung. Wenn diese freilich in einem Terminus artikuliert wird, der seinerseits von physischem Empfinden aus-
geht („schmecken") und auf es bezogen bleibt (*vina liques*), wird die
Verbindung mit dem enthemmten Sensualimus eines ganz auf seine Körperlichkeit setzenden und darüber zuletzt seine „Gesundheit"
darangebenden „Catull" nur umso deutlicher.

   So ist es auch nur folgerichtig, wenn die Handlungsanweisung,
die aus dem Mahnruf (*sapias*) erwächst, auf das Leben im Hier und
Jetzt gerichtet ist. Aus der Vielzahl der bei der Verfertigung guten
Weins zu beachtenden Schritte wird die „Klärung" herausgegriffen:
vina liques. Haben wir noch im Ohr, was Catull in c. 5 am Ende der
Küsserei „sich" und der Liebsten empfahl? *Dein, cum milia multa
fecerimus, / conturbabimus illa …* Mir scheint, *conturbare* ist das
genaue Gegenteil dessen, was Horaz „seiner" Leuconoe empfiehlt.
Ich behaupte nicht, daß Horaz die berühmten Catulliana 1:1 habe
in ihr scheinbares Gegenteil verkehren wollen. Das darf man schon
deshalb ausschließen, weil wir hier mit einer merkwürdigen, aber
doch in der Sache gerechtfertigten Doppelrezeption und -rezension
zu tun haben. Ich glaube eher, daß die Behandlung des gleichen The-

mas zwei doch wohl unvergleichliche Autoren trieb, die Akzente in charakteristischer Weise verschieden zu setzen. So entsteht eine Form der Intertextualität, die nicht notwendig das Ergebnis bewußter Nachbildung oder Entfernung ist, sondern ihre Ursache schlicht in der Attraktivität einer Fragestellung hat, die die Zeitgenossen zweier Generationen umzutreiben scheint. Nun ist aber doch ein Zeitgeist etwas, dem wir gern eine auch gesteigerte Macht konzedieren, den wir aber doch eher nicht mit präziser rhetorischer und literarischer Form verbinden.

Ist es Zufall, daß Catulls Kußgedichte und Horazens *carpe diem*-Ode so exakt in kontrapunktischer Fügung korrespondieren? Wir wissen es nicht. Was wir *sehen* können, ist aber, daß die Reihe der Korrespondenzen noch nicht erschöpft ist. In Catulls 5. wie in Horaz' Gedicht verbindet sich mit der zentralgestellten Handlungsanweisung (*da mi basia mille ...* bzw. *sapias, vina liques*) eine Versuchsanordnung, die je besonderes Interesse erregt: Die Catullische Anleitung erfolgt ganz *contra opinionem*, wenn Schätze gehäuft werden, nicht um sie zu pflegen, sondern sie zu verwirren (*cum milia multa fecerimus, / conturbabimus illa ...*); „Horaz" empfiehlt Leuconoe, den Leisten ihrer *spes longa* immer nur um ein kurzes Stück zu stutzen (wörtl.: „zurückzuschneiden").[44] In beiden Fällen überrascht die instrumentelle Sicht[45] auf ein Geschehen, das sich dem Eingriff des Menschen *eo ipso* entzieht. Küsse kann man so wenig durcheinander bringen wie eine Zeitperspektive (*spes longa*) beschneiden.

Wie wenig wir über „unsere" Zeit verfügen, wird aus der Ode selbst sogleich klar, wenn der Sprecher konstatiert: *dum loquimur, fugerit invida / aetas* (v. 7 f.). Wir berühren hier den vielleicht markantesten Punkt der Begegnung zweier Variationen des großen Themas. Es ist, als erkenne der Sprecher, daß er zu lange gesprochen, die ihm zugemessene Zeit zu sehr ausgedehnt habe. Schon enteilt ihm

---

[44] Vgl. jedoch A.O. Hulton, Horace, Odes i. 11. 6–7, CR 8, 1958, S. 106–107, u. R.E. Grimm, Horace's *carpe diem*, CJ 58, 1963, S. 313–318, dort S. 316 u. Anm. 14.

[45] D.A. West hat mit Recht auf die konsistente Bildlichkeit des Schlußteils der Ode verwiesen. *Reseces* und *carpe* bezeugen einmal mehr „Horace's interest in the technical minutiae of arboriculture" (*Reading Horace*, Edinburgh 1967, S. 59–64). Vgl. jedoch M. Lowrie, Horace's Narrative *Odes*, Oxford/New York 1997, S. 8: „It is hard to determine whether the image of the vine ... is more a feature of the meaning of these words or of their close position. If the latter, does the image redound to the author or to the superadded capacity of words to resonate in proximity to one another".

(und der Angesprochenen) die Zeit. Hieran ist zweierlei erstaunlich. C. 1, 11 des Horaz zählt in dessen Oden-Werk zu den kürzesten Stücken. Von den anderen kurzen Texten unterscheidet es sich auffallend durch die Wahl des exquisiten Versmaßes, das den Schreibenden anhält, den Gedanken in kürzeste Kola zu drängen. Kaum eine andere Ode hält auf so knappem Raum soviele prägnante Kurzsätze und Gedankenfügungen bereit wie diese, angefangen vom *tu ne quaesieris* und dem *scire nefas* über das *quidquid erit pati* bis zu *vina liques* und *carpe diem* im Schlußteil (um nur die auffallendsten Stücke zu nennen). Die gedrängte Kurzatmigkeit des erotodidaktischen Vortrags scheint in ein metrisches Muster gemalt, das wie geschaffen ist, die in der Flucht der Zeiten entstehende Unruhe abzubilden.

Wenn der Dichter bei diesem hohen Bedacht auf die Ökonomie seiner Rede gleichwohl daran erinnert, daß mit jedem „seiner" Worte Zeit verrinnt, die den Liebenden später einmal fehlen mag, gewinnt die Form der Rede einen Status, der zuletzt über das Schicksal der involvierten Figuren entscheidet. Nicht Babylons Rechenkünsten, der disziplinierten Metrik des Dichters wächst die Macht der Verfügung über das, was kommt oder eben nicht kommt, zu.

Die Magie des Zählens beginnt im Horaz schon auf der bloßen Ebene der Entscheidung für ein Metrum, das um den choriambischen *swing* der Versmitte herum zwei weitere Doppelkürzen legt, so daß der Eindruck entsteht, die mittige Sentenz sei das Echo des je vorhergehenden Teils und klinge noch einmal in der dritten Doppelkürze nach. In solcher Zählung kommt ein frappierender Akzent auf der Mitte zustande, den Horaz in mindestens fünf seiner acht Verse in aufsehenerregender Weise genutzt hat: *scire nefas, Leuconoe, vina liques, dum loquimur, quam minimum* tragen wichtige Versakzente. Die prosodisch abgezirkelte Weise des Sprechens gibt den Takt vor, in dem die Pointen des Gedichts sich akzelerieren können.[46]

Cantatorisch ist der Duktus des Poems deshalb, weil schon die prosodische Grundlegung den fesselnden Gedanken der notwendigen Konzentration nahelegt. Die Zahlenspiele des alten Babylon und

---

[46] Der choriambische *beat* ist bes. geeignet, die Macht der Felsen über die anbrandende Flut des Tyrrhenischen Meers zu malen; s. etwa Nussbaum (wie Anm. 41), S. 78 f., u. D.A. West, Horace *Odes* I. *Carpe diem*. Text, Translation and Commentary, Oxford 1995, S. 51.

die kontingenten Fügungen des Wettergottes sollen im zugleich gehetzten und geordneten Staccato der Pointen gebannt werden. Wie Catull das Gegengift zur drohenden Behexung durch ein banales Außen entwickelte, verweist uns Horaz auf die innere Krise unseres Zeitbewußtseins, der wir nur entkommen können, wenn wir eine Technik, eine Praxis entwickeln, die einzige Zeit zu leben, die wir möglicherweise „wirklich haben", und die Lese der einzigen Frucht zu genießen, über die wir, wenn auch nur im Augenblick, verfügen.[47]

Der Innen-Außen-Konflikt des Catull, dessen *amator-persona* sich nur einer neugierigen Umwelt entziehen mußte, wird bei Horaz radikalisiert. Er zeigt uns die Notwendigkeit einer Wende auf uns selbst. Dieselbe Zeit nämlich, die uns ausmacht und bestimmt (*aetas*, v. 8), kehrt sich, wenn wir sie über unserem bloßen Reden aufs Spiel setzen – und damit kommen wir zu einem zweiten Erstaunlichen, das sich mit der schlichten Sentenz verbindet –, sonst in neidischer Wendung gegen uns.

War uns der Neid nicht schon in den *Catulliana* begegnet? *Ne quis malus invidere possit* ... (c. 5, 12). Und war nicht auch dort die Thematisierung des Neides mit einem explizit gemachten „Sprechakt" verbunden? *Lingua* war das letzte, bezeichnende und die Magie des Zählens gleichsam besiegelnde Wort des zweiten Kußgedichtes gewesen![48] Und doch: Wie vergleichsweise leicht war noch diese Situation zu bemeistern! Zauber mit Gegenzauber zu erwidern, das schien nur eine Frage des Wissens und der Verfügung über die Zahl. In Horaz c. 1, 11 kehrt sich unser Leben gegen uns, wenn wir es denn

---

[47] Dieser Befund läßt sich sprachlich stützen: A. Traina hat in seiner „semantica del *carpe diem*" (RFIC 101, 1973, S. 5–21) die schöne Beobachtung mitgeteilt, „che *carpe diem* chiude col suo sintagma perentorio una serie in crescendo che va dai proibitivi iniziali ... agli esortativi ... all' imperativo presente" (S. 18). Auch die strukturale Analyse kann den hier beschriebenen formthematischen Kristallisationsprozeß veranschaulichen: „En deux vers et demi, la défense, articulée par *ne* et par *nec*. Puis une alternative: *seu seu*. Pour finir, l'invitation – fortement asyndétique. Donc: une simplicité presque banale où s'insèrent la défense, l'inconnu et l'ordre" (H. Bardon, Leuconoe (c. I, II), RBPh 51, 1973, S. 56–61, dort S. 57).

[48] D. Wray, Catullus and the poetics of Roman manhood, Cambridge 2001, S. 143–160, verbindet in innovativer Lektüre die Kußgedichte mit Blick auf das dort perhorreszierte Be-Sprechen mit c. 6. Schon S. Bertman hat in einer älteren Studie auf die durchgängige Präsenz von Sprech- und Sprachbildern (genauer: von Sprech- und Sprachkonnotationen der Bilder und Vergleiche) in c. 7 hingewiesen: *Oral imagery in Catullus 7*, CQ 28, 1978, S. 477–478.

im Vertrauen auf einen immer neuen Tag leichtfertig (*credula postero*, v. 8) daransetzen. Es braucht die „bösen Zungen" der andren nicht mehr, wenn uns unser Leben über unserem eigenen Sprechen (*dum loquimur*, v. 7) zerrinnt.

Der Eindruck früherer Untersuchungen über Immanenz- und Transzendenz-Konstruktionen in der spätrepublikanischen und augusteischen Dichtung[49] ist nunmehr zu ergänzen. Dem Bild des sich zählend verausgabenden und mit knapper Not selbst zur Disziplin zurückrufenden Menschen in Catulls cc. 5 u. 7 ist der pointierte Minimalismus des Horazischen Menschen entgegenzusetzen. Auf die Zahl und schon gar die Vielzahl kommt es jetzt nicht mehr an. Die chaldäischen *numeri* sind irrelevant wie die Antwort auf die Frage, ob wir noch viele oder nur diesen einen Winter sehen werden. Das Maß des Menschen ist der Tag.

Erinnern wir uns, daß auch Catull von ebensolcher Erkenntnis ausging (*nobis cum semel occidit brevis lux, / nox est perpetua una dormienda*, v. 5 f.).[50] Doch während sich an diese Einsicht in die Begrenztheit des irdischen Lebens der Aufruf zur Entgrenzung knüpfte, generiert die Horazische Rede das neue menschengemäßere Maß der völligen Kongruenz des Menschen und seines ihm je verfügbaren Geschicks. Catulls Liebender entkommt der Uniformität des Todesloses durch die explosionsartig entfaltete Reihe der Zahlen,[51] Horaz rechnet die Vielzahl in gegenläufiger, eben kontrapunktischer Bewegung bis zu dem einen heutigen Tage herunter.

Es ist, als trete der Catullische ‚Catull' aus seiner ewigen Nacht heraus und entwickle das taghelle, hitzeglühende Bild eines „summers of love", während es den Horazischen Menschen im Angesicht des tobenden Wintermeers drängt, der Ernte seines bescheidenen Tages zu leben.

---

[49] Ich verweise auf einen früheren Vortrag im Rahmen des *réseaus* „La poésie augustéenne": *Zeiten und Räume in augusteischer Dichtung*, in: J.P. Schwindt (Hrsg.), La représentation du temps dans la poésie augustéenne. Zur Poetik der Zeit in augusteischer Dichtung, Heidelberg 2005, S. 1–18.

[50] Auch im 7. Gedicht gibt es, wie Segal (wie Anm. 22) gezeigt hat, den Verweis auf die hintergründige Präsenz des Todes: „(Death) is hinted at only obliquely in Battus' *sacrum sepulcrum* (6) and in the phrase, *cum tacet nox* (7)" (S. 295).

[51] Diese Deutung scheint zuerst Commager (vgl. Anm. 15 u. 34) aufgebracht zu haben. Schmidt (wie oben, Anm. 23) ist ihm darin gefolgt.

Was unterscheidet, was verbindet die „Magi(k)en des Zählens" hier und dort? Erkennbar liegt die Differenz nicht in der Wahl des philosophischen Modells. Beide blicken der Begrenztheit irdischen Strebens nüchtern ins Auge. Doch während der ältere Dichter seinen Bären in Fesseln tanzen läßt, verschließt der jüngere Autor seine Figuren in die weise Approbation dessen, was ist. Catull reicht seinen Liebenden das Opiat einer Entgrenzung, die das freiere Spiel der Phantasie erst möglich macht.[52] Horaz bildet die Einsicht in das Notwendige zum Strukturgesetz seiner Dichtung und seines Dichtens um. Die magische Zahlenrede des Catull sucht die Dämonen eines unbequemen Außen zu bannen, Horaz destilliert aus dem babylonischen Zahlengewirr das numerische Konzentrat seines einen Tages. „It's really magic", aber die *minimal music* des augusteischen Künstlers hat es vermocht, die irrationalen Ängste und Hoffnungen der Epoche auf die eine, rationale Formel zu bringen: *carpe diem*.*

---

[52] Es ist freilich zuzugeben, daß sich an die Vorstellung eines *vesanus Catullus* (7, 10) auch andere Konzepte knüpfen können; s. etwa die spannenden Überlegungen, die sich Segal (wie Anm. 22) über seiner philologischen Explikation der Stelle aufdrängen: „But his *vesano ... Catullo* perhaps implies a momentary insight into the truth: the danger lies also *within* and he is already subject to a magical *fascinum* even more powerful, a magic that has transformed him from *Catullus* to *vesanus Catullus*" (S. 300; s. auch S. 301 den Ausblick auf c. 8).

*   Ich danke Philip Hardie für die Erlaubnis zu diesem Vorabdruck der deutschen Fassung meines Textes.

Walter Wimmel

Nautische Handbücher zur römischen Bürgerkriegszeit?

Die Römer hielten nicht viel von der Seefahrt. So lautet eine verbreitete Auffassung. Und sie bestätigt sich, je weiter man in der Geschichte zurückgeht in die Frühzeit. Für eine Nation dagegen, die von der baldigen Weltherrschaft träumt, klingt sie paradox.[1]
Neuerdings hat unser lieber Kollege Boris Dunsch[2] eine Studie veröffentlicht, die sich der Paradoxie annimmt.[3] Er bemerkt, dass Bücher über Nautik, Schiffbau, auch Seehelden und -taten, zumal im ersten Jahrhundert vor Christus eher Mangelware sind. Im Vergleich zu beliebten Themen wie Sternkunde, Rhetorik, Musik, Feld- und Gartenbau bis zur Kochkunst erreichen Seefahrtbücher keine nennenswerte Bedeutung.
Was sind die Gründe für den Mangel? Denn das Jahrhundert des Weltreichs und der Bürgerkriege war doch besonders durch zum Teil riesige Flottenaktionen gekennzeichnet.[4] Wo sind die Reflexe geblieben?
Welches die für nautische Themen sicherlich interessantesten Jahre sind, ist wohl keine Frage. Es sind die, wo Bürgerkrieg und beginnende Weltherrschaft ineinander übergehen und sich geradezu bedingen. Und wo vom Nautischen her gesehen zuerst Gnaeus Pompeius genannt werden muss, der Caesar-Gegner.[5] Aber gleich nach

---

[1] Vgl. das Kapitel „Roms langer Weg zum Meer" in: Raimund Schulz: *Die Antike und das Meer*, Darmstadt 2005, 149–156.
[2] Für vielfältige Unterstützung und diverse Anregungen zu diesem Beitrag sei ihm an dieser Stelle ganz herzlich gedankt.
[3] Boris Dunsch: „*Arte rates reguntur*: Nautical handbooks in antiquity?", in: *Studies in History and Philosophy of Science* 43 (2012), 270–283.
[4] Zur maritimen Dimension der Bürgerkriege vgl. Raimund Schulz (wie Anm. 1), 189–195.
[5] Vgl. zu ihm Karl Christ: *Pompeius. Der Feldherr Roms. Eine Biographie*, München 2004. Seine Bedeutung in nautischer Hinsicht betont besonders Jan van Ooteghem: *Pompée le Grand: Bâtisseur d'Europe*, Académie Royale de Belgique. Classe des Lettres et des Sciences Morales et Politiques: Memoires Bd. 49, Brüssel 1954.

ihm deckt der Name seine beiden Söhne mit ab: Gnaeus und Sextus
Pompeius. Zusammen eine imponierende Trias von Admiralen. Seinen selbsterrungenen Beinamen Magnus hat er ihnen vererbt.

Beginnen wir mit dem Seeräuberkrieg im Jahr 67 v. Chr., wo der
selbst noch junge Pompeius seine bereits notorische Heldenrolle gerade im nautischen Bereich bestätigen konnte. Die Mittelmeerpiraten
hatten unter Ausnutzung der römischen Wirren eine den Osten und
Westen beherrschende Sondermacht aufgebaut, die sich auf zahlrei-
che Stützpunkte verteilte. Pompeius nutzte die Sondervollmacht, die
er sich ausbedungen hatte, und brachte eine Gruppe von zunächst
15 Unterkommandeuren zum Einsatz, sogenannte *legati* von propra-
etorischem Rang, die sich der uneinheitlich zerstreuten Piratenbur-
gen und -siedlungen annehmen sollten.

Er selbst kümmerte sich zuerst um das westliche Mittelmeer, wo
er durch überraschende Überfälle, aber auch Verhandlung und Di-
plomatie innerhalb von sensationellen 40 Tagen für Ruhe sorgte und
Roms Getreideversorgung aus Sizilien, Afrika und Sardinien sicher-
stellte. Schwieriger war danach sein Einsatz im fernen Osten, wo er
in schweren Kämpfen im Umkreis von Kilikien, dem Zentrum der
Piratenmacht, den Mittelmeerfrieden wiederherstellte.

Was bedeutet der Piratenkrieg für unsere Frage der nautischen
Handbuchliteratur? Wider Erwarten ist die Frage keineswegs ganz
hoffnungslos. Unter der Anzahl von propraetorischen Legaten, die
Pompeius sich zugeordnet hatte, befand sich nämlich ein schon
bewährter Freund namens Varro.[6] Es war dies kein geringerer als
Marcus Terentius Varro, der umfassendste Wissenschaftler und Buch-
autor der Römer überhaupt, zehn Jahre älter (geboren 116 v. Chr.) als
Pompeius. Dass er auch nautisch interessiert war, beweisen nicht nur
seine Berufung gegen die Seeräuber, sondern auch einige Werkstitel
oder Titelvarianten, die sich von nautischen Büchern erhalten haben.
Die Texte selbst sind leider verlorengegangen.

---

[6]   Zu Varro im Sertorius-Krieg vgl. Conrad Cichorius: *Römische Studien. Historisches
     Epigraphisches Literaturgeschichtliches aus vier Jahrhunderten Roms*, Leipzig / Berlin
     1922, 193–194. Zum Verhältnis von Varro und Pompeius vgl. Raymond Astbury: *Varro
     and Pompey*, in: Classical Quarterly 49,2 [= N. S. 17,1] (1967), 403–407.

So gibt es einen Buchtitel *Liber de aestuariis: Über Brandungs-küsten* (auch *Küstenfischteiche*). Vielleicht ist damit auch ein Teil von *De ora maritima* gemeint – auch ein erhaltener Titel – oder von den *Libri navales* desgleichen. Auch von Varro bezeugt ist ein Titel *De litoralibus (Küstenkunde)*. Alles jedenfalls interessante Schriften für militärische Führung im küsten- und inselreichen Mittelmeer. Schon früh (76 v. Chr.), bevor der noch ganz junge Feldherr Pompeius nach Spanien ging, um dort gegen den aufständischen Sertorius zu kämpfen,[7] widmete ihm Varro eine *Ephemeris navalis ad Pompeium*: eine Tag-für-Tag-Zusammenfassung nautischer Belange.

Der bisherige Befund lehrt uns Folgendes: Es hat fachliche, wohl auch handbuchartige Schriften zu nautischen Themen gegeben. Sie dienten der sachlichen Information und Beratung. Das galt zumal in Zeiten des Bürgerkrieges, der ja weithin ein Flottenkrieg war, für die jeweilige Flottenführung. Typenbildend dürfte Varro gewesen sein. Dieser Name bedeutet: Vorwegbelehrung, Beschränkung auf fachliche Fragen, keine Rücksicht auf Parteinahme, Heldentum, Leistungsbewertung, Interessantheit und Abenteuer: Momente, die nicht zuletzt bei Piratenkämpfen Erwartungscharakter haben.

Vereinfacht könnte man sagen: Vorausbelehrung steht gegen Danach-Bericht samt Erfolgsbericht mit all seinen Aspekten von Parteilichkeit, Unterhaltungsinteresse, Panegyrik usw. Beides kann in Handbuchform geboten werden. Das erste sozusagen neutral, das zweite, der Nachbericht, ist selten ohne Parteilichkeit anzutreffen. Aber für Pompeius, den Helden des Piratenkrieges, ist ein Nachbericht als Handbuchmonographie überhaupt nicht nachzuweisen, falls es ihn gegeben haben sollte, wie doch nicht unwahrscheinlich ist. Was ist der Grund? Sollte Parteigeist und Gegnerschaft schon eine Rolle spielen?

Die beiden nachfolgenden Hauptkriege des Pompeius gingen gegen Mithridates 67/66 v. Chr. und gegen Caesar, wo er 48 v. Chr. bei Pharsalos verlor. Sein Schicksal danach ist mehr als historisches Datum denn als nautisches Abenteuer registriert worden. Anlass war seine Landung und Ermordung an der afrikanischen Küste.

---

[7] Zu diesen Kämpfen vgl. Adolf Schulten: *Sertorius*, Leipzig 1926; vgl. auch die Übersicht bei Robin Seager: *Pompey. A Political Biography*, Oxford 1979, 14–23.

Des Pompeius ältester Sohn, wie der Vater Gnaeus Pompeius Magnus genannt (geboren zwischen 90 und 86 v. Chr.), fühlte sich nach Pharsalos als dessen Nachfolger als Flottenchef und Truppenkommandant. Er war allerdings von eher finsterem und rabiatem Charakter und hätte einmal um ein Haar den Parteifreund Cicero erstochen, weil der gegen Caesar zu viel Schwäche zeigte. Schließlich fand er sich zum Endkampf 46 v. Chr. in Spanien ein, wo er mit beachtlicher Flotten- und Heeresmacht gegen Caesar Erfolge hatte, aber unterlag und getötet wurde.

Unsere Leitfrage nach handbuchgemäßen nautischen Textspuren endet enttäuschend. Und zwar beidseits: Weder vom wissenschaftlich beratenden Typus (Stichwort Varro) noch von der abenteuerlich berichtenden Möglichkeit ist beim jüngeren Gnaeus Pompeius, d.h. dem älteren Sohn des Piratensiegers, etwas zu greifen.

Pompeius' jüngerer Sohn Sextus Pompeius Magnus (73–35 v. Chr.) hingegen machte die Familie endgültig zur militärischen Flotteninstanz der Römer. Er setzte mit seiner Konzentration auf die vom Vater geerbte und vom Senat zum Teil bewilligte nautische Potenz nach Caesars Tod den Triumvirn, also Antonius, Octavian, Lepidus, dermaßen zu, dass er das ganze westliche Mittelmeer mit den Hauptinseln und viel afrikanischer Küste inklusive römischer Getreideversorgung in die Hände bekam. Trotzdem und trotz ständiger Abwesenheit von Rom war er bei der römischen Bevölkerung sehr beliebt. Das allein schon spricht dafür, dass er mediale Hilfe hatte: dass etwa eine einschlägige triviale Handbuchliteratur für ihn und seine Flottentaten geworben hat.

Die Triumvirn mussten ihn von Gleich zu Gleich behandeln. Hatte der Vater Pompeius den Krieg gegen Caesar verloren, zu Lande, so sah sich der kecke Sohn im Besitz einer intakten imperialen Riesenflotte ohne störenden Dirigenten und Konkurrenten. Zunächst wenigstens. Dabei klangen die zwei Ziele, die er verfolgte, eher bescheiden: I.) die Wiedererstattung des väterlichen Vermögens, II.) die Aufhebung seiner zeitweisen Verbannung von Rom. Aber Antonius und Octavian hatten jeder seine eigenen Pläne und wollten sich nicht mit dem Flottenherrscher und Mittelmeer-Star Sextus ein neues Übergewicht ins Triumvirat hereinholen – wo Sextus gern den Lepidus ersetzt hätte.

Sie einigten sich indessen mit Sextus im Frühjahr 39 v. Chr. im Vertrag von Misenum, der gegenseitige Zugeständnisse festlegte. Kap Misenum war die römische Flottenstation in Kampanien; und Sextus nutzte den Anlass zu einer Parade der modernsten Kampfschifftechnik. Trotz des Vertrages: die Auseinandersetzungen gingen weiter, wobei sich vor allem Octavian als Gegner profilierte. Aber der Flottenauftritt von Misenum offenbart einiges von Sextus' Charakter: seinen Sinn für Demonstration und Kommunikation, Werbung und Öffentlichkeit. Er dürfte auch schriftliche Medien genutzt haben, wenn sie verfügbar waren.

Besiegt wurde Sextus schließlich 36 v. Chr. von Octavians hauptberuflichem Retter Agrippa bei Naulochos in Nordost-Sizilien. Agrippa war ein echter Generaladmiral zu Wasser und zu Lande, der dem Octavian ja auch wenige Jahre später zum Endsieg bei Actium, einer Seeschlacht, verholfen hat. Sextus seinerseits starb 35 v. Chr. durch Antonius.[8]

Neuerdings ist der Standort Sizilien für die Sextus-Forschung besonders interessant geworden. Von allen Inseln, Häfen, Küstenstreifen und Städten, die Sextus verfügbar waren, zeichnet es sich aus durch seine Doppelrolle für die römische Getreideversorgung wie auch durch seine geistige und politische Vergangenheit. Für römische Usurpatoren konnte die Insel sich als mögliches Anti-Rom herausstellen. Das dürfte dem Vielplaner Sextus nicht entgangen sein – und noch viel weniger seinem Hauptrivalen Octavian, der nur mit viel Glück und Umsicht hier die Oberhand gewinnen konnte; es versteht sich, dass er diesen Kampf auch propagandistisch geführt und gewonnen hat.

Aber das ist der Punkt, wo wir zur eigentlichen Fragestellung zurückkehren müssen, die sich an Alternativen entzündet hat, nämlich: Ob es neben dem wissenschaftlich beratenden nautischen Handbuchtypus auch einen abenteuerlich berichtenden schriftlichen Typus gegeben hat? Wenn ja, dann wäre dieser Sensationstypus wegen

---

[8] Vgl. zu Sextus den von Anton Powell und Kathryn Welch herausgegebenen Band *Sextus Pompeius*, London 2002, mit Aufsätzen von neun Autoren, besonders aber Anton Powell, 103–133: „An island amid the flame: The strategy and imagery of Sextus Pompeius, 43–36 BC", womit Sizilien gemeint ist.

seiner unklaren Deutungshoheit natürlich allem Parteiengezänk bis
zur Unterdrückung und Vernichtung ausgesetzt.

Uns war aufgefallen ein weitgehender Mangel an solchen Berich-
ten besonders für die Jahre, wo die Pompeius-Familie das nautische,
besonders marinemäßige Geschehen beherrschte und die Initiative
danach an Octavian-Augustus abtreten musste. Die Frage ist: Hat es
solche Schriften bei der populären Interessenlage gar nicht gegeben
oder sind sie eines Tages, d.h. aufgrund ihrer Parteilichkeit, unter-
drückt worden – dann natürlich von der inzwischen dominierenden
Gegenpartei?

Tatsächlich kennt die Literatur eine veritable Piraten-Story; sogar
noch aus der Zeit von vor dem Seeräuberkrieg des ersten Pompeius:
Ein junger Römer aus altadliger Familie befand sich auf Bildungs-
reise im östlichen Mittelmeer. In der Nähe von Milet wurde er bei
der Insel Pharmakussa von Piraten gefangen. Man hielt ihn für reich
und verlangte ein beträchtliches Lösegeld von 50 Talenten. Der Ge-
fangene schickte seine Dienerschaft in benachbarte Küstenstädte der
Provinz, wo diese die Summe zum Loskauf des Studenten in 38 Tagen zusammenbrachten. Kaum in Freiheit, verfügte sich der verhin-
derte Studiosus – sein Name übrigens Julius Caesar – nach Milet in
den Hafen, wo er etliche Schiffe verfügbar machte und mit Bewaff-
neten bemannte. Mit ihnen überfiel er die Piraten auf ihrer Insel und
nahm sie gefangen. Ohne alle Amtskompetenz ließ er sie kreuzigen,
wie er ihnen Wochen zuvor scherzhaft angekündigt hatte, allerdings
in der milden Form, dass sie vor der Kreuzigung erwürgt wurden.
Zuständig wäre der Prokonsul von Asia, M. Iunius Iuncus, gewesen.
Anschließend studierte Gaius Iulius ein Jahr auf Rhodos bei dem re-
nommierten Molon Rhetorik.

Die Piratengeschichte wird von einigen Historikern und Biogra-
phen überliefert. Sie geht aber in ihrer perfekten Pointierung deutlich auf Caesar selbst zurück, der sie irgendwie in Umlauf gebracht
haben dürfte. Über Sueton, Velleius, Valerius Maximus und andere
ist sie in die Geschichtsschreibung gelangt.[9]

Für uns ist bestimmend, dass abenteuerliche Erfolgsberichte dieser Art dem römischen Erwartungshorizont der Seekriegsepoche

---

[9] Umsichtig dargestellt in *Paulys Real-Encyclopädie der classischen Altertumswissen-*
schaft, Band X.1 (1917), von Paul Groebe unter „Julius (Caesar)", (Nr. 131), Spalte 188.

und Piratenzeit durchaus entsprachen. Der junge Caesar hat sein Abenteuer bereits mit seinem von später bekannten Pfiff gestaltet und fast zugleich berichtet. Auf alle Fälle liefert er den Beweis, dass abenteuerliche Kurzgeschichten im nautischen Bereich der Gegenwart entstehen konnten, gefragt waren und überliefert wurden. Dem steht die Merkwürdigkeit gegenüber, dass von der die nachfolgende Zeit nautisch beherrschenden Pompeius-Familie (und insbesondere des abenteuerlichen Sextus Pompeius) so gut wie nichts in die populäre Tradition (bis zur handbuchmäßigen Speicherung) sich gerettet zu haben scheint. Dem entspricht exakt das vom Kollegen Dunsch ermittelte Defizit.

Da wir uns zeitlich im kulminierenden Bürgerkrieg befinden, ist es nicht unwahrscheinlich, dass dieses populär-textliche Defizit eben damit zusammenhängt. Entscheidend ist, dass die betroffene ‚nautische' Pompeius-Familie das Zentrum der schließlich unterlegenen Bürgerkriegspartei bildet. Ein Vertreter der siegreichen Gegenpartei könnte sich berufen gefühlt haben, der besiegten, immerhin beliebten Pompeius-Partei zumindest in Rom die populär-schriftliche Erinnerung abzugraben.[10]

Als ‚Täter' kommt dabei nur ein gegnerischer Parteigänger in Betracht, der dazu das Naturell, das Motiv, die Gelegenheit und vor allem die faktische Macht besaß: nämlich Caesars Adoptivsohn Octavian, der künftige (oder vielleicht schon aktuelle) Augustus. Wie sehr die Entwicklung der römischen Mentalität zur neuen Friedensordnung hin sein Anliegen war, ist ebenso bekannt wie die Unbedenklichkeit seiner Mittel. Im Bereich des Geschriebenen kennt man seine bildungs- und moralpolitische Besorgtheit, die bis zum Wahn gehen konnte, wie das Schicksal des Dichters Ovid beweist: Augustus schickte ihn in die lebenslange Verbannung ans Schwarze Meer. Dem Elegiker Cornelius Gallus, des Augustus ehemaligem Freund, erging es noch schlimmer. Er beging 26 v. Chr. ob des Augustus Ungnade Selbstmord; und bis heute hält sich der Verdacht, dass Augustus auch mit dem Totalverlust seiner sensationellen erotischen Dichtung zu tun hat.

---

[10] Zur Unterdrückung von Sextus' Namen in augusteischer und nachaugusteischer Zeit vgl. Emily Gowers: „Dangerous Sailing: Valerius Maximus and the Suppression of Sextus Pompeius", in: *Classical Quarterly* N. S. 60,2 (2010), 446–449, dazu die dort auf Seite 448, Anm. 9, genannte Literatur.

Um wie viel leichter dürfte es dem neuen Herrn gefallen sein, die noch umlaufende Straßenliteratur der abklingenden Bürgerkriegszeit zu kontrollieren. Zweifellos hat es unterhaltsame Literatur zu nautischen Leistungen und Abenteuern etwa der Pompeius-Familie in reichem Maß gegeben. Ob im Handbuchmaßstab oder noch bescheidener? Trivialliteratur hatte billig zu sein und war vermutlich auch vom Schreibmaterial her nicht langlebig. Was die Vertilgungsaktionen, die von Octavian-Augustus her ihren Ausgang genommen haben dürften, noch erleichtern musste.

Boris Dunsch

Die Ναυτικὴ ἀστρολογία des „Thales": Ein vorhellenistisches nautisches Lehrgedicht?[*]

Die Φαινόμενα („Erscheinungen") des um 310 v. Chr. geborenen Arat sind das erste uns vollständig überlieferte Lehrgedicht astronomischen Inhalts, das, wie ein bedeutender Arat-Kenner formuliert, „seiner ganzen Anlage nach als nautische Astronomie gedacht gewesen sein" muss.[1] Nach allgemeiner Auffassung beginnt in der Zeit (nach manchen sogar: mit dem Werk) Arats ein neues Paradigma antiker Lehrdichtung, insofern dieser als Nichtfachmann einen fachwissenschaftlichen Prosatraktat versifizierte und mithin seinen Stoff aus zweiter Hand bezog;[2] dies eröffnete ihm die Möglichkeit, die gegenüber dem Epos „kleine Form" des Lehrgedichts in Richtung Feinheit, Ausgefeiltheit, Raffinement und Sublimität zu entwickeln.[3] Für die Lehrdichter vor Arat gilt hingegen, dass sie primär „selbst gewonnene Erkenntnisse und Einsichten" zu vermitteln suchten oder doch zumindest für sich in Anspruch nahmen, dies zu tun.[4]

---

[*] Dieser Beitrag ist Walter Wimmel aus Anlass seines 90. Geburtstags gewidmet. Den Gesprächen mit ihm, die auch immer wieder um die hier behandelte Thematik kreisten, verdanke ich vielfältige Anregungen. Besonders danken möchte ich an dieser Stelle meinen Lehrern Ernst-Richard Schwinge und Gregor Vogt-Spira, die den Beitrag gelesen und ebenso ausführlich wie hilfreich kommentiert haben; meinem Kollegen Felix M. Prokoph danke ich für sorgfältiges Lesen der Korrekturen.

[1] Erren (2009) 122; dort auch Näheres zu Arats Prosa-Vorlage, dem Ἔνοπτρον („Spiegel"), das Eudoxos von Knidos zugeschrieben wird und das Erren als „Lernbuch für Seekadetten" charakterisiert (ebd., 123). Einen aktuellen Überblick zu Arat bietet Volk (2010); die wichtigste monographische Behandlung: Erren (1967). Gegen diese Auffassung spricht nicht, dass Arats Gedicht wohl kaum an „die gemeinen Bauern und Seefahrer" gerichtet ist, „die er in der Fiktion mit gespielter Naivität zu belehren vorgibt, wie Ludwig (1963) 448 formuliert.

[2] Vgl. z.B. Effe (2005) 31–33, wo die Ergebnisse von Effe (1977) 23–26 aufgegriffen und in den Kontext der neueren Forschung gestellt werden.

[3] Vgl. z.B. Schwinge (1986) 14–16; Fakas (2001), v.a. 85–148; Harder (2007) 29 f.

[4] Effe (2005) 31; vgl. auch Kahn (2003) 148: diese Dichtungen seien „didactic poems of a strictly practical nature" gewesen.

Fragt man nach möglichen Vorläufern des aratischen Werkes, also nach Lehrdichtung mit nautisch-astronomischem Inhalt aus vorhellenistischer Zeit, so ist das wichtigste in diesem Zusammenhang zu nennende Werk – neben einem astronomischen Lehrgedicht in Hexametern, das mit Hesiods Namen verbunden wird, und einer ebenfalls hexametrischen Astronomie, die Kleostratos von Tenedos gehören soll[5] – ein in der Antike teilweise Thales von Milet zugeschriebenes Lehrgedicht, das einem mehrfach bezeugten Titel nach eine *Nautische Astronomie* (Ναυτικὴ ἀστρολογία), also vermutlich eine Sternkunde für Seefahrer, gewesen ist.[6] Freilich stellt eine für Seefahrer konzipierte Sternkunde nur einen Teil des Wissens dar, über das ein Steuermann verfügen muss, nämlich das astronomische. Aus dem bloßen Titel ergibt sich kein Hinweis darauf, dass dort darüber hinaus die Nautik im weiteren Sinne behandelt wurde, oder wenigstens Meteorologisches oder Geographisches, obschon damit zu rechnen ist, dass solche Themen, zumindest zum Teil, ebenfalls in einer solchen Sternkunde behandelt worden sein könnten.[7]

Im Folgenden wird zu klären sein, ob sich die Existenz eines solchen Lehrgedichts[8] plausibel machen lässt. Wichtiger als die Frage nach der Verfasserschaft des Thales ist der Nachweis der allgemei-

---

[5] Von diesen Hexameter-Astronomien, von denen einige Verse sekundär überliefert sind, wird an anderer Stelle ausführlicher zu handeln sein, insbesondere von den höchst problematischen Versen, die unter Kleostratos' Namen in Σ Eur. Rhes. 528 (DK 6 B 1) überliefert sind und die Huxley (1963) bespricht, und zur Frage nach dem tatsächlichen Titel des ihm zugeschriebenen Gedichts. Testimonien und Fragmente des hesiodischen Gedichts sind bei Merkelbach/West (1967) 148–150 zusammengestellt; Entsprechendes zu Kleostratos in DK 6 A 1–4 und B 1–4. Zur Person des Kleostratos, der nach antiker Nachricht Thales' Schüler war, vgl. die Angaben bei Sider/Brunschön (2007) 109 zu Theophr. de sign. 4, 26 (mit weiterer Literatur).

[6] Vgl. v.a. Classen (1965) 937; van der Waerden (1988) 13–15; Hornig (1998) 21–23; Medas (1998) 153; Kirk/Raven/Schofield (2001) 95–97; O'Grady (2002) 8–12; Gemelli Marciano (2007) 28–30; Dunsch (2012) 275 f.

[7] Vgl. Gigon (1968) 55, der das Gedicht als „Sternbuch für Seeleute" bezeichnet, „worin wahrscheinlich aus den Gestirnen ablesbare Wetterregeln und Orientierungsmöglichkeiten, aber wohl auch andere Dinge, die für den Seemann nützlich waren, vorkamen." Es habe darüber hinaus auch Regeln enthalten, „wie Schiffsdistanzen zu berechnen seien, einfache praktische Methoden, wie sie jeder Beruf kennt". Wie zu zeigen ist, muss einiges an diesen Vermutungen – oft freilich plausible – Spekulation bleiben.

[8] Dass die *Nautische Astronomie* ein Lehrgedicht gewesen ist, wird in der Forschung allgemein angenommen, vgl. z.B. Hornig (1998) 22. Dies wird sich auch im Laufe dieser Untersuchung als plausibel erweisen.

nen Existenzplausibilität und, soweit möglich, eine ungefähre Datierung des Gedichts. Zudem ist zu untersuchen, ob sich über den Inhalt eines solchen Lehrgedichts, sollte es existiert haben, etwas aussagen lässt. Notgedrungen wird dabei freilich auch die Zuschreibungsfrage zu streifen sein.

In seinem nach 533 n. Chr. entstandenen Kommentar zur *Physik* des Aristoteles erwähnt Simplikios, dass Thales angeblich nichts in Schriftform hinterlassen habe, abgesehen von der sogenannten *Nautischen Astronomie*:

Θαλῆς δὲ πρῶτος παραδέδοται τὴν περὶ φύσεως ἱστορίαν τοῖς Ἕλλησιν ἐκφῆναι, πολλῶν μὲν καὶ ἄλλων προγεγονότων, ὡς καὶ Θεοφράστῳ δοκεῖ, αὐτὸς δὲ πολὺ διενεγκῶν ἐκείνων ὡς ἀποκρύψαι πάντας τοὺς πρὸ αὐτοῦ. λέγεται δὲ ἐν γραφαῖς μηδὲν καταλιπεῖν πλὴν τῆς καλουμένης Ναυτικῆς ἀστρολογίας.[9]

Thales aber hat als Erster der Überlieferung nach den Griechen die Erforschung der Natur kundgetan. Es gab zwar viele andere Vorläufer, wie auch Theophrast meint; er [Thales] aber zeichnete sich jenen gegenüber so sehr aus, dass er alle vor ihm verdeckt hat. Man sagt aber, dass er in Schriftform nichts hinterlassen hat außer der so genannten *Nautischen Astronomie*.

Simplikios betont, dass er für das von ihm Referierte von anderen Autoritäten abhängig ist (παραδέδοται, λέγεται), wobei er sein Referat in zwei Teile untergliedert. Im ersten Teil stellt er fest, dass Thales zwar als erster Naturforscher der Griechen gelte, er aber viele Vorgänger gehabt habe. Um seine Aussage zu untermauern, verweist er auf die Ansicht Theophrasts, von dem bekannt ist, dass er sich intensiv mit Doxographie beschäftigt hat.[10] Dennoch ist die Existenz von Vorläufern in diesem Fall wohl einfach erschlossen.[11] Konkrete Anhaltspunkte scheinen auch Theophrast selbst nicht mehr vorgelegen zu haben, sonst würde Simplikios sicher auf diese verweisen,

---

[9] Simpl. in phys. p. 23, 29 Diels (DK 11 B 1) = Th 409 Wöhrle (teilweise = Th 38 Wöhrle).

[10] Vgl. Kirk/Raven/Schofield (2001) 93; Mansfeld (2001) 22–24.

[11] Vgl. z.B. Gigon (1972) 1: „(…) diese Behauptung stützt sich nicht auf Kenntnisse, die Theophrast noch besessen hätte, wir aber nicht mehr besitzen, sondern ist lediglich eine Folgerung aus bestimmten kulturhistorischen Hypothesen." Vergleichbar ist die Gedankenfigur *fuerunt ante Homerum poetae*, die sich Cic. Brut. 71 findet; zu dieser vgl. Citroni (2001) 289, der ebenfalls den rekonstruktiv-topischen Charakter von Ciceros Äußerung betont.

statt allein auf die Autorität Theophrasts zu pochen. Dieser Eindruck wird dadurch noch verstärkt, dass es gleich im Anschluss heißt, Thales habe seine Vorgänger dermaßen überragt, dass sie von ihm verdeckt worden seien. Damit wird zugleich kaschiert, dass sich über diese Vorläufer nichts mehr hat eruieren lassen.

Den zweiten Teil seiner Äußerung zu Thales hebt Simplikios vom ersten klar ab (λέγεται δέ). Hier stützt er sich, wie es scheint, auf eine andere Autorität als Theophrast; diese bleibt aber ungenannt. Es lässt sich an der Formulierung des Simplikios nicht erkennen, ob der Text der *Nautischen Astronomie* ihm noch in irgendeiner Form, ganz oder teilweise, vorlag oder nicht, wobei letzteres im 6. Jh. n. Chr. wahrscheinlicher ist.[12] Es kann dem Wortlaut des Zeugnisses auch nicht genau entnommen werden, ob er die Zuschreibung an Thales generell bezweifelt oder nur, aus welchen Gründen auch immer, an der Formulierung des Titels Anstoß nimmt, worauf das Partizip καλουμένης zumindest hindeuten könnte.

Allerdings kommt der Titel *Nautische Astronomie* ein weiteres Mal in der Überlieferung vor. Aus dem Abschnitt über Thales bei Diogenes Laertios lässt sich erschließen, dass ein so betiteltes Werk zu dieser Zeit, also im 3. Jh. n. Chr., noch existierte und teilweise Thales zugeschrieben wurde:

> Καὶ κατά τινας μὲν σύγγραμμα κατέλιπεν οὐδέν· ἡ γὰρ εἰς αὐτὸν ἀναφερομένη Ναυτικὴ ἀστρολογία Φώκου λέγεται εἶναι τοῦ Σαμίου. Καλλίμαχος δ' αὐτὸν οἶδεν εὑρετὴν τῆς ἄρκτου τῆς μικρᾶς λέγων ἐν τοῖς ἰάμβοις οὕτως (...)[13], κατά τινας δὲ μόνα δύο συνέγραψε Περὶ τροπῆς καὶ Ἰσημερίας, τὰ ἄλλ' ἀκατάληπτα εἶναι δοκιμάσας.[14]

Und einigen zufolge hinterließ er keine schriftliche Abhandlung; denn man sagt, dass die ihm zugeschriebene *Nautische Astronomie* Phokos von Samos verfasst habe. Kallimachos aber kennt ihn als Entdecker des Kleinen Bären und sagt in seinen *Jamben*, (...). Aber einigen anderen zufolge hat er nur zwei Werke geschrieben, *Über die Sonnenwende* und *Über die Tag- und Nachtgleiche*, weil er der Meinung gewesen sei, dass alles andere unbegreiflich sei.

---

[12] Eine optimistischere Einschätzung der Menge von Texten, die Simplikios noch direkt vorlagen, vertritt z.B. Mansfeld (2001) 35 f.

[13] Das Kallimachos-Zitat wird weiter unten separat besprochen.

[14] Diog. Laert. 1, 23 (DK 11 B 1) = Th 237 Wöhrle.

Diogenes vermeidet hier eine apodiktische Ausdrucksweise: Nach Ansicht „einiger", von ihm aber nicht genauer bezeichneter Autoritäten habe Thales keinerlei schriftliche Abhandlung hinterlassen.[15] Nun ist aber den Zeitgenossen des Diogenes offenbar zumindest ein Thales zugeschriebenes Werk zugänglich oder doch wenigstens bekannt; denn er schließt sofort die Feststellung an, von der Thales zugeschriebenen *Nautischen Astronomie* heiße es (λέγεται), sie sei ein Werk des (ansonsten völlig unbekannten) Phokos von Samos.

Das Präsenspartizip ἀναφερομένη deutet darauf hin, dass die Schrift zu Diogenes' Zeit noch im Umlauf war. Wenn sie es war, scheint sie, welche Gestalt sie im Einzelnen auch gehabt haben mag, jedenfalls keinen textinternen Hinweis auf ihren Autor enthalten zu haben; ansonsten hätte Diogenes, sofern ihm das Gedicht vorlag, diesen ja leicht zitieren können. Im Anschluss an die Erwähnung des Phokos zitiert er aber gerade nicht aus diesem selbst, sondern führt Verse aus den *Jamben* des Kallimachos an, in denen Thales als Entdecker (bzw. erster Vermesser) des Kleinen Bären angeführt wird. Es liegt nahe, dass Thales, sofern er tatsächlich der erste war, der den Kleinen Bären als Leitgestirn beschrieb, sich hierzu in der *Nautischen Astronomie* geäußert hat. Wenn Kallimachos Thales diese Entdeckung zuschreibt, dann ist weiter wahrscheinlich, dass ihm ein diesbezügliches schriftliches Zeugnis vorgelegen hat. Diese Überlegung wird durch den Umstand gestützt, dass Kallimachos sich auch sonst gern auf autochthone Zeugnisse beruft – ἀμάρτυρον οὐδὲν ἀείδω.[16] Es ist also insgesamt wahrscheinlich, dass ihm ein Text unter dem Titel *Nautische Astronomie* zu seiner Zeit vorlag.

Der Umstand, dass Diogenes aus Kallimachos' Äußerungen über Thales zitiert, erweckt den Eindruck, als ob bei ihm selbst Zweifel am bisher Referierten – also an der Aussage, Thales habe nichts in Schriftform hinterlassen – bestehen, zumal er im Anschluss an dieses Zitat auf

---

[15] Unzutreffend ist die Auffassung von Classen (1965) 937, hier werde die Verfasserschaft der *Nautischen Astronomie* Thales von Diogenes „ausdrücklich abgesprochen". Dies gilt nach Classens Auffassung auch für eine Äußerung Plutarchs, die weiter unten besprochen wird und ebenfalls weniger eindeutig formuliert ist, als Classen anzunehmen scheint. Ähnlich skeptisch Dicks (1959).

[16] Kall. fr. 412 Asper (= 612 Pfeiffer). Zu den ästhetischen Implikationen dieses Diktums vgl. Wimmel (1960) 6 Anm. 3 und (1981) 54 f. Einen in diese Richtung gehenden Zeugniswert zieht die jüngere Forschung allerdings in Zweifel; vgl. z.B. Meyer (1993).

andere Autoritäten verweist, denen zufolge Thales doch etwas Schriftliches hinterlassen habe, und zwar, wie hervorgehoben wird, nur zwei
(μόνα δύο) Werke, Περὶ τροπῆς und (Περὶ) ἰσημερίας,[17] da er
alles andere für unbegreiflich gehalten habe. Diese Beleglage macht
verständlich, weshalb eine Zuschreibung der *Nautischen Astronomie*
an Thales in Diogenes' Augen nicht ganz sicher war: Es lag nicht nur
die Bezeugung eines alternativen Autornamens für das Werk vor, sondern er wusste von Zeugnissen, die ausdrücklich von *zwei* Werken des
Thales sprachen, die aber andere Titel trugen.

Bemerkenswert ist, dass diese beiden Werke, soweit dies anhand
der Titel – und mehr ist uns nicht bekannt – beurteilt werden kann,
ebenfalls astronomischen Charakter gehabt haben.[18] Interessant ist
auch, wie sich die Nennung dieser Werke von der Anführung der *Nautischen Astronomie* unterscheidet: Von den Schriften *Über die Sonnenwende* und *Über die Tag- und Nachtgleiche* scheint Diogenes außer
dem bloßen Titeln nichts vorzuliegen; bei der *Nautischen Astronomie*
jedoch formuliert er so, dass man zu der Annahme gelangt, zumindest
diese Schrift habe ihm und seinem Publikum noch vorgelegen.

Überdies könnte sich vielleicht die kurz danach mitgeteilte Nachricht, dass Thales einigen zufolge als erster Erörterungen „über
die Natur" angestellt habe (1, 24: πρῶτος δὲ καὶ περὶ φύσεως
διελέχθη, ὥς τινες), ebenfalls als Hinweis auf eine unter seinem
Namen umlaufende Abhandlung mit dem Titel Περὶ φύσεως verstehen lassen; dies ist allerdings nicht unumstritten.[19] Jedenfalls
stützt die Tatsache, dass man Thales mehr als eine Schrift zuge-

---

[17] Man könnte auf den Gedanken kommen, dass es sich bei Περὶ τροπῆς καὶ ἰσημερίας
um *einen* Werktitel handelt. Da aber explizit von *zwei* Werken die Rede ist, ist es wahrscheinlicher, dass Diogenes lediglich verknappt formuliert. Auch ist es zwar nicht zwin-
gend, dass es sich um die genauen Titel beider Werke handelt; da Diogenes aber bereits
einen anderen Werktitel, die *Nautische Astronomie*, genannt hat, ist ebendies doch
immerhin wahrscheinlich. Es erscheint daher insgesamt legitim, Περὶ τροπῆς und
(Περὶ) ἰσημερίας als zwei separate Werktitel aufzufassen und nicht als einen.

[18] Auch diese sonst ganz unbekannten Schriften werden in der Forschung gelegentlich für
authentisch gehalten, vgl. z.B. Szabó (1994) 26 f. Zur Rekonstruktion der Durchführung
einer Messung mit Hilfe eines Gnomon, wie sie zumindest Thales' Schüler Anaximander durchgeführt haben könnte, ebd. 29–35, wobei Szabó Vitr. de arch. 9, 1 und 7 ver-
gleichend heranzieht; vgl. auch die Modifikation der Skizze Szabós bei Dührsen (2005)
94 f. Kritisch zur Frage, ob und wie Thales einen Gnomon schon hätte nutzen können,
Dührsen (2005) 96 f., allerdings mit zum Teil zirkulärer Argumentation (v.a. 97 oben).

[19] Vgl. Schmalzriedt (1970) 12 f.

schrieben hat, auch die Vermutung, dass ihn zumindest andere, uns nicht mehr namentlich bekannte Autoritäten als jemanden angesehen haben, der keinesfalls „nichts Schriftliches" hinterlassen hat. Fragt man nach dem Verhältnis der beiden im Abstand von ungefähr drei Jahrhunderten verfassten Zeugnisse, kann man feststellen, dass beide zumindest teilweise voneinander unabhängig sind, da sie Gegenteiliges aussagen. Für Simplikios ist Thales der Verfasser einer *Nautischen Astronomie*, während er darüber hinaus nichts Schriftliches hinterlassen hat. Diogenes aber zeigt sich viel unsicherer, ob man Thales überhaupt irgendwelche Werke zuschreiben sollte; allerdings nennt er Belege, die auf das Gegenteil hindeuten. Dass sich Simplikios wie Diogenes bei der *Nautischen Astronomie* auf dieselbe Schrift beziehen, ist wahrscheinlicher, als dass es sich um zwei verschiedene und unabhängig voneinander mit Thales in Beziehung gebrachte Schriften gleichen Titels (und damit wohl ähnlichen Inhalts) handelt.

Nun kennt schon Plutarch (ca. 46–120 n. Chr.) eine Thales zugeschriebene *Astronomie*, die er allerdings nur so und nicht als *Nautische Astronomie* bezeichnet. Im Kontext eines Gesprächs über die Frage, warum das Orakel der Pythia in Delphi seine Prophezeiungen nicht mehr in Versen, sondern in Prosa erteilt, wird das Argument vorgebracht, dass es sich hierbei nicht um eine Verfallserscheinung handele. Vielmehr hätte sich das Orakel in ähnlicher Weise wie Wissenschaft und Philosophie entwickelt; zunächst seien ihre Lehren in metrische Form gebracht worden, später hingegen hätte man sie in Prosa verfasst. Beide Formen aber seien gleichermaßen legitim:

(...) οὐδὲ γὰρ φιλοσοφίαν ἀπογινώσκομεν ὡς ἀνῃρημένην παντάπασι καὶ διεφθορυῖαν, ὅτι πρότερον μὲν ἐν ποιήμασιν ἐξέφερον οἱ φιλόσοφοι τὰ δόγματα καὶ τοὺς λόγους, ὥσπερ Ὀρφεὺς καὶ Ἡσίοδος καὶ Παρμενίδης καὶ Ξενοφάνης καὶ Ἐμπεδοκλῆς καὶ Θαλῆς, ὕστερον δ' ἐπαύσαντο καὶ πέπαυνται χρώμενοι μέτροις (...) οὐδ' ἀστρολογίαν ἀδοξοτέραν ἐποίησαν οἱ περὶ Ἀρίσταρχον καὶ Τιμόχαριν καὶ Ἀρίστυλλον καὶ Ἵππαρχον καταλογάδην γράφοντες, ἐν μέτροις πρότερον Εὐδόξου καὶ Ἡσιόδου καὶ Θαλοῦ γραφόντων, εἴ γε Θαλῆς ἐποίησεν ὡς ἀληθῶς εἰπεῖν <τὴν> εἰς αὐτὸν ἀναφερομένην Ἀστρολογίαν.[20]

---

[20] Plut. de Pyth. or. 18, 402 E–F (vgl. DK 11 B 1) = Th 117 Wöhrle. Die Angaben im Apparat folgen Schröder (1990).

1 ἀπογινώσκομεν *Wilamowitz:* ἀπε- *E*   2 πρότερον *B:* -ροι *E*   3–4 καὶ
Θαλῆς *del. Wilamowitz*   9–10 <τὴν> εἰς αὐτὸν *Turnebus:* εἰς αὐτὴν *E*

Denn wir betrachten auch die Philosophie nicht als völlig aufgehoben und ver-
dorben, weil die Philosophen ihre Lehren und Abhandlungen früher in Gedichten verbreiteten, wie Orpheus, Hesiod, Parmenides, Xenophanes, Empedokles
und Thales, später aber den Gebrauch von Metren dauerhaft unterließen (…)
Und diejenigen um Aristarch, Timocharis, Aristyllos und Hipparch haben die
Astronomie nicht unbedeutender gemacht, indem sie in Prosa schrieben, während früher Eudoxos, Hesiod und Thales in Versen schrieben, sofern Thales
wirklich die ihm zugeschriebene *Astronomie* verfasst hat.

Plutarch unterscheidet zwei Gruppen, zum einen die Verfasser phi-
losophischer Texte, zum anderen die astronomischer. In der ersten
Gruppe werden zunächst diejenigen Philosophen aufgezählt, die
ihre Lehren in Versform gebracht haben; dann wird gesagt, spätere Autoren hätten diese Praxis dauerhaft aufgegeben und Prosatexte
verfasst. In der zweiten Gruppe werden zuerst diejenigen Astronomen genannt, die in Prosa geschrieben haben, dann die Verfasser von
Verstexten, also astronomischen Lehrgedichten. Hesiod und Thales
werden in beiden Gruppen genannt, also als Autoren sowohl philo-
sophischer wie astronomischer Texte in Gedichtform.

Selbst wenn man die erste Erwähnung des Thales athetiert, wo-
für verschiedentlich plädiert worden ist,[21] bleibt festzuhalten, dass
Plutarch hier die Existenz eines Lehrgedichts mit dem Titel *Astronomie* bezeugt, das zu seiner Zeit allgemein Thales zugeschrieben
wurde. Er selbst bleibt hinsichtlich der Zuschreibung zurückhaltend.
Wenn es sich auch nicht mit letzter Sicherheit erweisen lässt, so ist
es doch wahrscheinlich, dass es sich hierbei um dieselbe *Nautische*

[21] Wilamowitz hat den Namen des Thales in der ersten Aufzählung athetiert, worin ihm
jüngst auch Schröder (1990) 319 f. gefolgt ist. Diese Tilgung beruht auf der Annahme,
dass von Thales neben möglichen astronomischen Schriften (*Nautische Astronomie*,
Über die Sonnenwende, *Über die Tag- und Nachtgleiche*) jedenfalls keine weiteren,
von diesen noch zu unterscheidenden Schriften philosophischen Inhalts im Umlauf waren. Gerade hierüber herrscht aber in der Forschung Uneinigkeit, vgl. O'Grady (2002)
13 f. Eine Athetese würde aber ein bestimmtes Forschungsergebnis präjudizieren; daher
sollte man Wilamowitz hier nicht folgen. Sollte jedoch die erste Erwähnung des Thales
tatsächlich aus der zweiten Aufzählung in den Text eingedrungen sein, wie Schröder
(1990) 320 vermutet, läge es überdies nahe zu erwarten, dass der Name nicht ans Ende
der ersten Enumeration gestellt worden wäre, sondern, wie bei der zweiten Erwähnung,
unmittelbar neben den Namen Hesiods.

Astronomie handelt, auf die sich auch Diogenes und Simplikios beziehen, und dass *Astronomie* nur die Kurzform des Titels dieser Schrift ist. Auffällig ist ja auch die Ähnlichkeit der Formulierungen, mit denen die Titel jeweils bezeichnet werden: <τὴν> εἰς αὐτὸν ἀναφερομένην ᾿Αστρολογίαν heißt es bei Plutarch, ἡ γὰρ εἰς αὐτὸν ἀναφερομένη Ναυτικὴ ἀστρολογία bei Diogenes. Sollte die genannte Vermutung zutreffen, dann wäre Plutarchs Äußerung nicht nur ein Zeugnis dafür, dass Thales eine *Nautische Astronomie* geschrieben hat, sondern auch dafür, dass er sie in Versform abgefasst hat und sie mithin ein Lehrgedicht war.[22] Dieses unter Thales' Namen laufende Lehrgedicht wird nun von Plutarch immerhin in eine Reihe mit Lehrdichtungen des Eudoxos und des Hesiod gestellt; es wird von ihm also für wertvoll gehalten und als bedeutend anerkannt.

Die *Nautische Astronomie* kann wohl ebenfalls mit dem Gedicht *Über Himmelserscheinungen* identifiziert werden, welches im 10. Jh. die *Suda* Thales zuschreibt:

ἔγραψε Περὶ μετεώρων ἐν ἔπεσι, Περὶ ἰσημερίας, καὶ ἄλλα πολλά.[23]

Er schrieb *Über Himmelserscheinungen* in Versen, *Über die Tag- und Nachtgleiche* und vieles andere.

Auch mit dieser Nachricht der *Suda* liegt ein Zeugnis dafür vor, dass es in der Antike ein Thales zugeschriebenes Lehrgedicht gab, das Himmelserscheinungen behandelte. Es liegt nahe, dass hier wiederum die *Nautische Astronomie* gemeint ist. Diese Nachricht beruht zwar sicherlich nicht auf direkter Textkenntnis, scheint aber trotzdem einen gewissen Eigenwert zu haben; von Diogenes kann sie allenfalls mittelbar abhängig sein, da zum einen Περὶ τροπῆς nicht zusammen mit Περὶ ἰσημερίας erwähnt wird[24] und zum anderen

---

[22] Jedenfalls handelt es sich um ein sehr deutliches Zeugnis dafür, dass unter dem Namen des Thales Texte in Gedichtform umliefen. Die von Gigon (1968) 41 aufgestellte Behauptung, es dürfe „mit Gewißheit behauptet werden" dass alle drei Milesier, Thales, Anaximander und Anaximenes, „in Prosa geschrieben" hätten, findet in den antiken Zeugnissen zu Thales nur eine geringe Stütze, nämlich in der Erwähnung der beiden Schriften Περὶ τροπῆς καὶ ᾿Ισημερίας; aus der hier gleich zitierten Suda-Notiz ließe sich nämlich schließen, dass diese beiden Werke in Prosa verfasst waren.

[23] *Suda* θ 17 (DK 11 A 2) = Th 495 Wöhrle.

[24] Es sei denn, man will annehmen, dass mit καὶ ἄλλα πολλά nichts anderes als eben diese zweite Schrift gemeint ist.

bei Diogenes nicht gesagt wird, dass die *Nautische Astronomie* in Versen verfasst ist.[25]

Sollte man nun Thales als Autor dieses Lehrgedichts betrachten oder es doch eher dem von Diogenes erwähnten Phokos von Samos zuschreiben? In der Forschung wurde oft für Phokos plädiert, da es sich um den obskureren von beiden handelt und es unwahrscheinlicher sei, dass die Dichtung eines bekannteren einem unbekannteren Verfasser zugeschrieben werde als umgekehrt.[26] Allerdings ist Phokos so obskur, dass wir von ihm außer hier bei Diogenes gar nichts weiter hören; seine Gestalt bleibt völlig schemenhaft.[27] Zudem fällt auf, dass „Phokos" ein sprechender Name ist: Das Wort bezeichnete einer Angabe bei Hesych zufolge ein delphinähnliches größeres Meerestier, vielleicht eine Robbenart;[28] als Eigenname gehört es überdies in der Mythologie zu einer Person, die als Sohn der Nereide Psamathe („Sandstrand")[29] ebenfalls eine Beziehung zum Meer besitzt. Nun ist zwar nicht ganz auszuschließen, dass der künftige Autor einer Sternkunde für Seefahrer bereits bei seiner Geburt einen mit dem Meer verbundenen Namen erhielt. Dennoch sollte bei Diskussionen der Zuschreibung der *Nautischen Astronomie* künftig zumindest erwogen werden, dass es sich bei Phokos, der „Robbe" von Samos, um einen Phantasie- oder doch wenigstens einen Spitznamen handeln könnte.

Gegen die Annahme, dass Thales die *Nautische Astronomie* verfasst haben könnte, spricht im Übrigen für viele sogar ihre generelle Skepsis gegenüber dem Wert vieler ihn betreffender Zeugnisse. Einige Forscher konzedieren sogar kaum mehr als seine bloße Existenz und eine gewisse anekdotisch fassbare Berühmtheit.[30] Andere

---

[25] Im Umkehrschluss lässt sich der Notiz übrigens entnehmen, dass die Schrift *Über die Tag- und Nachtgleiche* nicht in Versen, also in Prosa, verfasst war.

[26] Vgl. z.B. die Argumente von Kirk/Raven/Schofield (2001) 96: „(…) daß das Werk auch einem Samier namens Phokos zugeschrieben wurde, klärt die Angelegenheit fast; jedwedes archaisch aussehende astronomische Gedicht konnte natürlicherweise Thales zuerkannt worden sein, wohingegen Werke, die wirklich von Thales stammten, nicht alternativ vergleichsweise obskuren Leuten zugeschrieben worden wären." Ähnlich formuliert z.B. Wenskus (1990) 53 als „methodischen Grundsatz": „Wird eine Schrift, Entdeckung oder Theorie mit mehr als einem Namen verbunden, so ist der weniger bekannte der Richtige." Für Phokos optiert u.a. auch Gigon (1968) 55.

[27] Vgl. O'Grady (2002) 9.

[28] Hesych. φ 1087 φῶκος· κῆπος θαλάσσιος ὅμοιος δελφῖνι.

[29] Hes. theog. 1003–1005.

[30] Vgl. Fehling (1985) 53–65, der in radikaler Skepsis alle vorherodoteischen Bezugnah-

sind optimistischer, was unsere Nachrichten zu seiner Person und möglichen Werken angeht.[31] Auch wie hoch man seine astronomischen Fähigkeiten insgesamt einschätzen sollte, ist umstritten; insbesondere die berühmte, ihm von Herodot (1, 74, 2 = Th 10 Whörle) zugeschriebene Vorhersage einer Sonnenfinsternis wird in der Forschung seit langem kontrovers diskutiert.[32]

Immerhin lässt das soziale und ökonomische Umfeld, in dem Thales lebte, es im Prinzip als durchaus möglich erscheinen, dass er eine *Nautische Astronomie* verfasst hat. Vor dem Hintergrund der Handelsstadt Milet, „in many ways [...] an archetypal maritime city", wie es zu Recht in der Forschung heißt,[33] und seiner eigenen wirtschaftlichen Aktivitäten, die nicht zuletzt in der von Aristoteles in der *Politik* berichteten Anekdote von den Ölpressen greifbar

men auf Thales für offenkundig falsch oder zumindest zweifelhaft hält und alle nachherodoteischen als „aus Herodot entstandene Pseudo-Information" (57) ansieht, ohne die Möglichkeit zu konzedieren, dass es an Herodot vorbeilaufende für uns anonyme Traditionsströme gegeben haben könnte. Eine ausgewogene methodische Kritik an Fehling formuliert z.B. Bichler (1989).

[31] Vgl. O'Grady (2002) 8–28.

[32] Verhalten skeptisch Görgemanns (2000) 74 f.; völlig ablehnend Fehling (1985) 55 f.; vorsichtig abwägend Schmitz (2000) 144 f., der auf die wichtige, in einem anonymen *Odyssee*-Kommentar zu u 156, jetzt unter Th 91 bei Wöhrle (2009) 88 f. (= POxy 53, 3710 col. 2, 36–43 Bowen/Goldstein), referierte Ansicht Aristarchs von Samos (3. Jh. v. Chr.) hinweist, Thales habe die Entstehung von Sonnenfinsternissen im Grundsatz richtig erklärt. Freilich handelt es sich nicht um die Voraussage einer bestimmten Finsternis, sondern nur um die Darlegung der allgemeinen Bedingungen (und damit Zeiten), in denen eine Finsternis möglich ist, vgl. Gemelli Marciano (2007) 29. Wenskus (1990) 59 f. meint, dass die Formulierung bei Herodot (τὴν ἡμέρην ἐξαπίνης νύκτα γενέσϑαι) vage sei und sich nicht unbedingt auf eine Sonnenfinsternis beziehen müsse; recht skeptisch z.B. auch Demandt (1970) 27–29, Mosshammer (1981), Stephenson (1997) 342–344 und jüngst Couprie (2011) 51–67. Eine weniger kritische Position vertritt O'Grady (2002) 126–146, die schließt, dass „there are good arguments to accept Herodotus's report" (145). Zhmud (2006) 238–244 nimmt an, dass Thales über Kenntisse babylonischer Astronomen verfügte und schlägt gewissermaßen einen Kompromiss vor, wenn er konstatiert, dass „there is every reason to believe that Thales, having known about the 223-month period between two solar eclipses, applied this scheme to the eclipse of May 18, 603, observed in Babylon and Middle Egypt, and thus by lucky coincidence ‚predicted' the eclipse of May 25 [sic], 585, which was practically full at Miletus' latitude." Vgl. auch Panchenko (1994), der allerdings eine andere Sonnenfinsternis als die vom 28. Mai 585 v. Chr. für wahrscheinlicher hält; das Datum verteidigen Stephenson/Fatoohi (1997).

[33] Zur Bedeutung des milesischen Seehandels in archaischer und klassischer Zeit, die freilich seit der Schlacht von Lade (494 v. Chr.) stetig abnahm, vgl. Greaves (2000); das Zitat S. 39.

werden[34] (wenn man auch für diese einen historischen Kern annehmen will[35]), erscheint es nur folgerichtig, wenn eine vielseitige, na-
turkundlich interessierte Persönlichkeit ihr – auch außerhalb der
eigenen Kultur gewonnenes – Wissen in mnemotechnisch geeigneter
Form in Versen aufbereitet und, was besonders bemerkenswert wäre,
auch verschriftet hätte.[36] Unter der hier behandelten Fragestellung
jedoch, deren Fokus auf der Feststellung der Plausibilität der Existenz eines Lehrgedichts mit dem Titel *Nautische Astronomie* liegt,
ohne auf jeden Fall dessen Autor bestimmen zu müssen, ist eine Klärung dieser Probleme der Thalesforschung nicht erforderlich.

Will man weder die Autorschaft des Thales noch die des Phokos
für die *Nautische Astronomie* als gesichert annehmen, was sich angesichts der Forschungslage aus methodischen Gründen empfiehlt,[37]
so darf nach dem bisherigen Gang der Untersuchung zumindest die
Existenz eines so betitelten Lehrgedichts als höchst plausibel gelten,
welche Provenienz es auch gehabt haben mag. Zur in diesem Lehrgedicht verwendeten Sprache lässt sich immerhin vermuten, dass
sie von Plutarch, Diogenes und anderen als altertümlich empfunden
wurde;[38] sonst wäre man kaum auf den Gedanken gekommen, eine
Zuschreibung an Thales überhaupt für möglich zu halten (oder an
einen obskuren Autor wie Phokos, der wohl auch als „älterer" Autor eingeordnet wurde). Was die Datierung des Gedichts angeht, so
herrscht Unsicherheit, ob es ins 6. Jh. v. Chr. oder in spätere Zeit,

---

[34] Aristot. pol. I 11, 1259a5–19 = Th 28 Wöhrle.
[35] Heftige Kritik an der Anekdote äußert Fehling (1985) 59: „In Aristoteles' eigenen Wor-
      ten scheint durch, daß sie als Gegenstück zu der unprofitablen Voraussage der Sonnen-
      finsternis und zu Theaet. 174a erdacht ist."
[36] Ähnlich z.B. schon Nilsson (1905) 183 f.: „Gerade in der Zeit des Thales war die mi-
      lesische und ionische Schifffahrt sehr rege und betriebsam; gerade damals wurden die
      grossen Fortschritte in den astronomischen Kenntnissen gemacht, die an seinen Namen
      geknüpft sind, die eben für die Schifffahrt von der grössten Bedeutung waren und die
      für die Nautik nutzbar gemacht werden mussten. [...] Die Prosa war noch nicht aufge-
      kommen; was für das grosse Publikum zugänglich gemacht werden sollte, musste in
      Versen gefasst werden."
[37] Skeptisch zuletzt HLG 1 (2011) 263.
[38] Vgl. auch Davis (2009) 131 mit Anm. 44, mit ähnlichem Ergebnis: „That it was archaic
      in date is confirmed by Plutarch, who describes its composition as hexametric, a mode
      typical of the Ionian cosmographers." Aber man sollte bedenken, dass, streng genom-
      men, nur ein Indiz dafür vorliegt, dass das Gedicht archaisch aussah bzw. auf Personen
      wie Plutarch archaisch wirkte, nicht dass es tatsächlich „archaic in date" war.

vielleicht sogar in hellenistische, zu datieren ist.[39] Wichtig für die
hier verfolgte Fragestellung sind aber vor allem folgende Punkte:
dass ein solches Werk überhaupt existierte – oder, wenn man vor-
sichtiger formulieren will, dass seine Existenz überhaupt für möglich gehalten wurde; dass es den Titel *Nautische Astronomie* trug,
der teilweise für es überliefert ist; dass es Fragen der Astronomie für
ein intendiertes Publikum von Seefahrern behandelte; dass es in der
Folgezeit, sei es direkt oder indirekt, wiederholt rezipiert wurde. Im
Folgenden wird daher, unter Absehung von der Zuschreibungsfrage,
versucht, weitere Erkenntnisse über das Gedicht zu gewinnen, besonders in Hinsicht auf Datierung, Umfang und Inhalt.

Nach einer wahrscheinlich auch (jedenfalls unter der Vorausset-
zung, dass dieses Werk das einzige ist, was Thales geschrieben hat
oder ihm zumindest allgemein zugeschrieben wurde) auf die *Nautische Astronomie* zu beziehenden Information, die wiederum bei
Diogenes Laertios zu finden ist, der sich auf Lobon von Argos (3. Jh.
v. Chr.) beruft, soll sich das, was Thales schriftlich hinterlassen hat,
auf 200 ἔπη („Verse") belaufen: τὰ δὲ γεγραμμένα ὑπ᾽ αὐτοῦ
(...) εἰς ἔπη τείνειν διακόσια.[40] Nun ist es gut möglich, dass
hier nicht konkrete Hexameter, sondern stichometrische „Normal-
zeilen" zu 15–17 Silben[41] gemeint sind – eine Angabe, wie sie in
der alexandrinischen Buchverzeichnung üblich war – und die *Nautische Astronomie* daher einige Verse länger (oder aber auch kürzer)
gewesen ist. Dennoch wären ungefähr 200 Verse für eine *Nautische
Astronomie* ein eher übersichtlicher Werkumfang, wie z.B. ein Vergleich mit Arat zeigt: Der nautisch-astronomische Teil der *Phainomena* umfasst 732 Verse, also – falls Lobons Zahl stimmt – fast das
Vierfache der *Nautischen Astronomie*. Allerdings hat das Werk durch
eingelegte Mythenerzählungen und sonstige Anmerkungen und Ex-
kurse eine deutlich größere Länge, als es haben müsste, wenn es darum ginge, ein reines Minimalwissen zu vermitteln. Auch umfasst
der eigentliche Sternbilderkatalog der *Phainomena* nur die Verse
27–450, also nur wenig mehr als das Doppelte der *Nautischen Astronomie*. Dies spricht, sofern man dem Zeugnis des in der Forschung

---

[39] Vgl. z.B. Kirk/Raven/Schofield (2001) 96, die beides erwägen.
[40] Diog. Laert. 1, 34 (DK 11 A 1) = Th 55 Wöhrle.
[41] Vgl. Blum (1977) 238 f.

für tendenziell unzuverlässig gehaltenen Lobon überhaupt irgendein Gewicht beimessen will, dafür, dass das Lehrgedicht „sehr kurz und prägnant"[42] gewesen ist. Ein solches Format käme vor allem den Bedürfnissen eines Rezipienten entgegen, der es auswendig lernen möchte. Dies könnte darauf hindeuten, dass die *Nautische Astronomie* als Aide-Mémoire konzipiert war und als gedichtete Merkhilfe einen pragmatischen Sitz im Leben besaß.

Die Frage nach dem Umfang des Gedichts ist mit der nach den in ihm traktierten Inhalten eng verbunden. Eine Stelle aus Apuleius' *Florida*, die wohl auf die *Nautische Astronomie* bezogen werden kann[43], vermag vielleicht etwas Licht auf diese Inhalte zu werfen:

Thales Milesius, ex septem illis sapientiae memoratis viris facile praecipuus (enim geometriae penes Graios primus repertor et naturae certissimus explorator et astrorum peritissimus contemplator), maximas res parvis lineis repperit: temporum ambitus, ventorum flatus, stellarum meatus, tonitruum sonora miracula, siderum obliqua curricula, solis annua reverticula; idem lunae vel nascentis incrementa vel senescentis dispendia vel delinquentis obstiticula. idem sane iam proclivi senectute divinam rationem de sole commentus est, quam equidem non didici modo, verum etiam experiundo comprobavi, quoties sol magnitudine sua circulum, quem permeat, metiatur.[44]

---

5 idem *F*φ: item *Colvius* itidem *Kronenberg*   6 obstiticula *F*φ: obstacula *AL¹L⁴N¹V⁵*

Thales von Milet, von jenen sieben wegen ihrer Weisheit gerühmten Männern sicher der hervorragendste (denn er war bei den Griechen der erste Erfinder der Geometrie, der zuverlässigste Erforscher der Natur und der erfahrenste Beobachter der Gestirne), hat die bedeutendsten Dinge mittels kleiner Linien[45] gefunden: den Lauf der Jahreszeiten, der Winde Wehen, der Sterne Bewegun-

---

[42] Vgl. z.B. van der Waerden (1988) 14.

[43] So auch van der Waerden (1988) 14 und, etwas zurückhaltender, West (1971) 210 Anm. 3

[44] Apul. flor. 18, 30–32 (vgl. DK 11 A 19) = Th 178 Wöhrle, mit leicht modifizierter Schreibung, Zeichensetzung und Textgestalt zitiert nach Hunink (2001); verglichen wurden auch Text und Apparat von Lee (2005).

[45] Vgl. Hunink (2001) 191: „Thales' discoveries concern important astronomical phenomena [...] Apuleius playfully contrasts their ‚greatness' with the ‚small' geometrical lines by means of which Thales reached his conclusions." Vgl. Wasserstein (1955) 115: Das Ergebnis des Thales (1:720 als Verhältnis des Durchmessers der Sonne zu dem von ihr täglich durchmessenen Orbit) beruhe auf „a system of mensuration of the zodiac divided into 360° and on a measurement of the angle subtended by the sun as half a degree."

gen, der Donner tönende Wunder, der Sterne schräge Bahnen, der Sonne jähr-
liche Wiederkehr; auch des werdenden Mondes Zunehmen, des alternden Ab-
nehmen und des fehlenden Hindernisse. Er hat auch in schon recht hohem
Alter eine göttliche Theorie über die Sonne entwickelt, die ich meinesteils
nicht nur gelernt, sondern sogar durch Erfahrung bestätigt habe, wie oft die
Sonne mit ihrer Größe den Kreis, den sie durchschreitet, durchmisst.

Apuleius erwähnt astronomische und meteorologische Gegenstände,
wobei er meistens Begriffe technischen Gepräges verwendet.[46] Die
rhetorisch ausgefeilte Aufzählung[47] beginnt mit der Bestimmung der
Jahreszeiten. An zweiter Stelle erwähnt er die für die Seefahrt wichtige Kenntnis der Winde, deren Entstehung nach in der Antike, vor
allem im stoischen Denken, verbreiteter Auffassung als mit den Sternen verbunden gedacht wurde[48], dann die Bewegungen der Sterne
selbst, danach wieder ein Wetterphänomen, die Entstehung des Don-
ners (wohl im Verbund mit der von Unwettern), dann die Bahnen der
Sterne sowie zuletzt die Zyklen der Sonne und die Mondphasen.[49]
Interessant ist in diesem Zusammenhang die Ähnlichkeit der Formulierung *ventorum flatus, stellarum meatus* mit einer Stelle aus dem
Referat der Lehre des Thales in der *Refutatio omnium haeresium* des
Hippolytos, wo es heißt, dieser habe alles auf das Wasser zurückge-
führt: ἀφ᾽ οὗ καὶ σεισμοὺς καὶ πνευμάτων συστροφάς καὶ
ἄστρων κινήσεις γίνεσθαι.[50]

---

[46] Zum technischen Charakter des von Apuleius verwendeten Vokabulars vgl. Hunink (2001) 191 f., Lee (2005) 176 und La Rocca (2005) 275.

[47] Vgl. Hunink (2001) 191: „The list is carefully constructed, with elements of steadily increasing length: three combinations of a noun on *-tus* preceded by a genitive plural are followed by three combinations of three words each, consisting of a plural noun on *-cula* with an adjective and a genitive […]. The long final element […] is internally divided into three closely parallel cola […]. The length of the list, the construction, the rhythm and the rare words all contribute to an impressive overall effect."

[48] Vgl. Healy (1999) 370 mit Hinweis auf Cic. Mur. 36.

[49] Richtig ist zwar auch, wie Lee (2005) 176 feststellt, dass es gerade die von Apuleius genannten Fragen waren, „that the competing systems of science sought to resolve"; wichtiger aber scheint mir, dass es sich um solche Phänomene handelt, die eben auch alle für die Seefahrt eine große Rolle spielten.

[50] Hipp. ref. haer. 1, 1, 2 (= Th 210 Wöhrle), zitiert nach der Fassung bei West (1971) 210, der zu Recht die in byzantinischer Zeit (bei Georgios Kedrenos) erhaltene Variante πνευμάτων συστροφάς καὶ ἄστρων κινήσεις dem sonst überlieferten πνευμάτων στροφάς καὶ ἀέρων κινήσεις vorzieht. Wenn es zutrifft, dass Theophrasts *Physikon doxai* als Quelle hinter diesen Nachrichten stehen, dann wäre zu erwägen, ob auch Apuleius direkt oder indirekt auf Theophrast zurückgegriffen hat.

Wie die Formulierung im Text zeigt, gehört die separat genannte Theorie zum Verhältnis des Durchmessers der Sonne zu ihrer
Kreisbahn[51] nicht mehr zu dieser Aufzählung. Auch wenn diese
Angaben eher allgemeiner Art und dazu noch rhetorisch überformt
sind, lässt sich erkennen, dass im Zentrum die Verbindung astronomischer Fragen mit solchen der Wetterphänomene stand; genau
dies wäre bei einer an den praktischen Bedürfnissen der Seefahrt
orientierten *Nautischen Astronomie* auch zu erwarten. Gerade die
Verbindung von Winden und Gewittern mit der Sternkunde verstärkt den Eindruck, dass Apuleius an dieser Stelle genau über
dieses Lehrgedicht und nicht über ein anderes Werk rein astronomischen Inhalts spricht.

Neben diesen allgemeinen Angaben lassen sich vielleicht auch
einige konkretere Sachverhalte des Inhalts der *Nautischen Astronomie* rekonstruieren. Ein Aratscholion erwähnt, dass Thales
zwei Hyaden[52] unterschieden habe, eine nördliche und eine südliche:

Θαλῆς μὲν οὖν δύο αὐτὰς εἶπεν εἶναι, τὴν μὲν βόρειον, τὴν δὲ
νότιον.[53]

Auch die Nachricht bei Plinius dem Älteren, dass nach Thales der
Morgenuntergang der Plejaden am 25. Tag nach dem Herbstäqui-
noktium stattgefunden habe,[54] wird in der Forschung mit einiger
Wahrscheinlichkeit der *Nautischen Astronomie* zugeschrieben:[55]

---

[51] Nach Diog. Laert. 1, 24 betrug dieses Verhältnis 1:720, wobei allerdings der Text dort
       zum Teil mit Hilfe dieser Apuleius-Stelle wiederhergestellt worden ist; vgl. Hunink
       (2001) 192, Lee (2005) 176 und La Rocca (2005) 274 mit weiterer Literatur.

[52] Die Hyaden sind ein Sternbild im Kopf des Stieres, nahe den Plejaden und dem Orion,
       deren Name in der Antike unterschiedlich erklärt wurde („Schweinchen"-Sterne, die
       sich um ihre Mutter scharen; „Regensterne"; „Y"-Sterne). Bei Hesiod (erg. 614–629) ist
       der Frühuntergang dieser Sterne Mitte November ein Merkzeichen für das Pflügen und
       das Anlanden der Schiffe in Erwartung der bevorstehenden Regenzeit.

[53] Σ Arat. 172, p. 369, 24 (DK 11 B 2) = Th 575 Wöhrle.

[54] Plin. nat. 18, 213 (DK 11 A 18) = Th 106 Wöhrle.

[55] Vgl. van der Waerden (1988) 14; vgl. auch Gigon (1968) 55, der zwar „geneigt" ist,
       „dies dem Sternbuch des Phokos zuzuweisen", aber dann in einer Argumentationsvol-
       te doch dafür plädiert, man müsse die Notiz statt Phokos „wohl dem Thales belassen",
       da diese astronomische Angabe nicht für Griechenland, sondern nur für Ägypten pas-
       se, wo sich Thales ja aufgehalten habe. Es wäre für Gigons Argumentation ökonomi-
       scher, Thales gleich als den Autor der *Nautischen Astronomie* anzusetzen, statt ihn

(...) occasum matutinum vergiliarum Hesiodus – nam huius quoque nomine exstat *Astrologia* – tradidit fieri cum aequinoctium autumni conficeretur, Thales XXV die ab aequinoctio, Anaximander XXX, Euctemon XLIV, Eudoxus XLVIII.

Den morgendlichen Untergang der Plejaden lässt Hesiod – denn auch unter dessen Namen gibt es eine *Astronomie* – stattfinden, wenn das Herbstäquinoktium vorüber ist, Thales erst am 25. Tag nach dem Äquinoktium, Anaximander am 30., Euktemon am 44., Eudoxos am 48.

Darüber hinaus kann man wahrscheinlich auch die bereits erwähnte, bei Diogenes Laertios zitierte Stelle in den *Jamben* des Kallimachos auf die *Nautische Astronomie* beziehen. Dort heißt es, Thales habe einen goldenen Becher als Ehrengabe dafür erhalten, dass er der beste unter den Sieben Weisen gewesen sei:

(...) ἦν γὰρ ἡ νίκη
Θάλητος, ὅς τ' ἦν ἄλλα δεξιὸς γνώμην
καὶ τῆς Ἀμάξης ἐλέγετο σταθμήσασθαι
τοὺς ἀστερίσκους, ᾗ πλέουσι Φοίνικες.[56]

(...) Denn der Sieg war
des Thales, der überhaupt klug war in seiner Einsicht
und von dem man sagte, er habe ausgemessen die Sternchen
des Wagens, nach dem die Phönizier segeln.

Gemeint ist der Kleine Wagen bzw. Kleine Bär. Kallimachos stellt Thales hier also als den ersten hin, der dieses Gestirn ausgemessen hat – im Gegensatz zu den Phöniziern, die lediglich danach segeln. Diese heurematographische Zuordnung[57] wertet den Griechen Thales gegenüber den Phöniziern auf, indem sie diesen zwar die Verfügung über eine praktische Sternkunde konzediert, aber die mathematische Durchdringung, das Vermessen, als griechische Domäne darstellt. Sollte die Angabe, dass Thales der Erfinder der Navigation nach dem Kleinen Bären war, der *Nautischen Astronomie* entnommen sein, dann müsste man daraus schließen, dass zumindest Kal-

---

als Autor einer davon unterschiedenen (Prosa-)Schrift mit teils ähnlichen Inhalten zu konstruieren.

[56] Kall. fr. 151, 52–55 Asper (= 191 Pfeiffer = DK 11 A 3a = Th 52 Wöhrle).
[57] Es handelt sich um den Topos des πρῶτος εὑρετής; vgl. zu diesem die grundlegende Arbeit von Kleingünther (1933). Zum Verhältnis von antiker Heurematographie und Wissenschaftsgeschichte jetzt Zhmud (2006) 23–44.

limachos sie, ungeachtet anderer Kritik, die es ja durchaus gegeben hat,[58] für ein authentisches Werk des Thales gehalten hat.

Ein wichtiger Vergleichstext in diesem Zusammenhang sind Arats *Phainomena*, aus denen wir wissen, dass sich die Griechen im Unterschied zu den Phöniziern auf See in der Regel nach dem Großen Wagen bzw. Großen Bären, dem heller scheinenden Sternbild, orientierten.[59] In der neueren Forschung wurde sehr ansprechend vermutet, dass Arat sich für den Großen Bären auf die Autorität Homers, für den Kleinen Bären hingegen auf Thales „the purported author of the *Nautical Astronomy*" gestützt habe.[60]

Wie sehr dieser Gegensatz – Navigieren nach dem helleren Sternbild, dem Großen Bär, durch die Griechen, nach dem besser für die Seefahrt geeigneten, dem Kleinen Bär, durch die Phönizier – eine feste Denkkategorie wurde, sicherlich unabhängig von der tatsächlichen nautischen Praxis, kann man auch daraus ersehen, dass sich viel später Cicero dieses Topos im *Lucullus* bedient, um den erkenntnistheoretischen Hauptgegensatz zwischen skeptischen Akademikern und Stoikern in Analogie zu erläutern:

> Ego vero ipse et magnus quidam sum opinator (non enim sum sapiens) et meas cogitationes sic dirigo, non ad illam parvulam Cynosuram, qua ‚fidunt duce nocturna Phoenices in alto', ut ait Aratus, eoque directius gubernant, quod eam tenent, quae ‚cursu interiore brevi convertitur orbe' – sed ad Helicen et clarissimos Septentriones, id est rationes has latiore specie non ad tenue limatas; eo fit, ut errem et vager latius.[61]

> Ich selbst hingegen bin gewissermaßen ein großer Meinender (denn ein Weiser bin ich nicht) und richte meine Gedanken nicht nach dem winzigen ‚Hundeschwanz' [*Cynosura* = Kleiner Bär], dem ‚als nächtlichem Führer die Phöniker auf hoher See sich anvertrauen', wie Arat sagt, und auf um so geraderem Kurs steuern, weil sie ihn anpeilen, der ‚auf innerer Bahn in kleinem Kreis sich wendet' – sondern nach der *Helike* und dem hellfunkelnden Siebengestirn [= Großer Bär], das heißt nach solchen Überlegungen, die einen weiteren Anblick ermöglichen, und nicht nach bis ins Kleinste ausgefeilten; so kommt es, dass ich abirre und weiter vom Kurs abkomme.

---

[58] Vgl. auch Bees (2011) 10 mit Anm. 15.
[59] Vgl. Arat. 36–44 mit Scholien (teilweise = Th 574 Wöhrle).
[60] Vgl. Davis (2009) 151.
[61] Cic. ac. 2, 66.

Der Umstand, dass die Orientierung am Kleinen Bären (und so am Polarstern) ein genaueres Navigieren ermöglicht als die am Großen Bären, der je nach Ort und Zeit der Beobachtung stärker variiert, ist der Tatsache vergleichbar, dass „der Stoiker aufgrund seiner klaren, deutlichen und z.t. streng fixierten Unterscheidungen (namentlich im Bereich der Ethik) keine Mühe hat, sich zu orientieren, während der Akademiker, dem diese Unterscheidungen nichts sagen können, eher auf verlorenem Posten steht."[62]

Doch kommen wir nun zu einer weiteren möglicherweise auf die *Nautische Astronomie* verweisenden Nachricht. Proklos überliefert in seinem Kommentar zu Euklid, dass Eudemos in seiner *Geschichte der Geometrie* sagt, Thales habe mit Hilfe des Theorems, dass Dreiecke, bei denen eine Seite und die an diese anliegenden Winkel gleich sind, sich selbst gleich seien, die Entfernung von Schiffen auf dem Meer bestimmt:

Εὔδημος δὲ ἐν ταῖς Γεωμετρικαῖς ἱστορίαις εἰς Θαλῆν τοῦτο ἀνάγει τὸ θεώρημα· τὴν γὰρ τῶν ἐν θαλάττῃ πλοίων ἀπόστασιν δι' οὗ τρόπου φασὶν δεικνύναι, τούτῳ προσχρῆσθαί φησιν ἀναγκαῖον.[63]

In seiner *Geschichte der Geometrie* führt Eudemos dieses Theorem auf Thales zurück. Er sagt nämlich, dass die Vorgehensweise, durch welche er [scil. Thales] den Abstand von auf dem Meer befindlichen Schiffen aufgezeigt haben soll, notwendigerweise auf dieses [Theorem] zurückgreife.

Auch diese Stelle könnte aufgrund ihres Inhalts der *Nautischen Astronomie* zugeordnet werden.[64] Zu beachten ist allerdings, dass

---

[62] Zum Topos vgl. jetzt Bees (2011) 7–26 im Rahmen seiner ingeniösen Deutung einer Nachricht über Zenon von Kition bei Diog. Laert. 7, 4; das Zitat auf S. 13. Zur Toposhaftigkeit der Berufung auf die Bären als Segelhilfen vgl. die kenntnisreiche Analyse bei Davis (2009) 142–151.

[63] Eudem. fr. 134 Wehrli (= Prokl. I 352, 14 = DK 11 A 20 = Th 43 Wöhrle). Nach Snell (1966) 128 mit Anm. 1 entstammen dieses Fragment Eudems sowie fr. 135 Wehrli möglicherweise einer Schrift des Hippias von Elis, die „vielleicht in der Art der Noctes Atticae von Gellius" Philosophie- und Literaturgeschichtliches neben anderen Themen enthielt, wobei „einzelne Stellen von verschiedenen Autoren nebeneinandergestellt und verglichen" wurden. Zur *Synagoge* des Hippias als möglicherweise in ihrer Bedeutung unterschätzter Vermittlerin älterer Nachrichten über Thales vgl. auch Dührsen (2005) 85 mit Anm. 13 (dort die wichtigste Literatur seit Snell).

[64] Es sind, wie gesagt, bei Eudemos auch andere Nachrichten über Thales erhalten (fr. 133 und 135 Wehrli), die sich aber nicht unbedingt einer *Nautischen Astronomie* zuordnen

Eudemos nicht behauptet, dass er das Theorem selbst bei Thales gefunden habe, sondern vielmehr, dass man aus der ihm durch eine nicht näher spezifizierte Überlieferung (φασίν) bekannten Nachricht,[65] Thales habe die Entfernung von Schiffen auf dem Meer bestimmt, daraus schließen könne, dass er seinen Messungen dieses Theorem zugrundegelegt habe.[66] In der Forschung gehen die Meinungen darüber auseinander, ob Eudemos die *Nautische Astronomie* kannte oder nicht.[67]

Darüber hinaus ist mehrfach bezeugt, dass sich Thales zu den Etesien-Winden geäußert haben soll. Die früheste Äußerung hierzu stammt aus dem Peripatos, möglicherweise von Theophrast, ist aber nur noch in lateinischer Übersetzung im sogenannten *Liber Aristotelis de inundacione Nili* (13. Jh. n. Chr.) greifbar: Thales zufolge soll der Nil deshalb anschwellen, weil sein Wasser von den *venti annuales* (den Etesien), die ihm entgegenwehen, aufgestaut

---

lassen. Dührsen (2005) 84 Anm. 11 glaubt, dass auch fr. 134 Wehrli nicht der *Nautischen Astronomie* entnommen ist.

[65] Dies hat Dührsen (2005) 83 zu Recht betont.

[66] Zu den technischen Problemen, die sich bei einer solchen Messung ergeben könnten, wenn man sie, wie später in Herons *Dioptra* (op. 3, 220 Schö.) beschrieben, mit Groma, Messband und Stangen durchführt, vgl. Gericke (1984) 76 f., der jedoch zugleich zeigt, dass das Verfahren unproblematisch wird, wenn man Thales die Benutzung einer Dioptra (bzw. einer Vorform davon) zutrauen möchte. Unter Rückgriff auf frühere Forschung anders jetzt Dührsen (2005) 87 f. mit Anm. 17 (mit weiterer Literatur), der vorschlägt, Thales habe „ein rechtwinkliges Dreieck aus einer gleichsam waagerecht auf der Erdoberfläche liegenden Geraden und einer senkrecht darauf stehenden Höhe" konstruiert. „Die waagerechte Gerade entsprach dabei der gesuchten Entfernung zu einem Schiff auf dem Meer, die senkrechte Höhe konnte z.B. aus einem Turm auf dem Festland bestehen. Den Winkel der dritten Seite des Dreiecks, der Hypotenuse, konnte Thales feststellen, indem er auf der Turmspitze in Verlängerung der Höhe einen Zirkel montierte, dessen freier Arm auf das Schiff zeigte." Dann habe Thales „durch das Drehen des Zirkels das konstruierte Dreieck vom Meer auf das Festland" projiziert, „wo die gesuchte Entfernung, die Länge der waagerechten Seite des Dreiecks, auf dem Erdboden abmessbar war." In Anm. 17 weist Dührsen selbst allerdings darauf hin, dass der Plural πλοίων darauf hindeuten könnte, Thales habe die Entfernung zweier Schiffe auf dem Meer zueinander gemessen, sei es vom Festland oder – was der Text ebenso meinen könnte – von einem Schiff aus. Hornig (1998) 22 hingegen hält es „aus Gründen der praktischen Anwendung bei der Küstenvermessung für die Kartographie" für am plausibelsten, wenn die Berechnung „von Schiff zu Land" vorgenommen worden wäre. Da der – überdies nur indirekt überlieferte – Text des Eudemos nicht so formuliert ist, dass ohne Heranziehung weiterer Informationen (die es aber nicht gibt) letzte Klarheit in dieser Frage zu erreichen ist, mag sie hier offen bleiben.

[67] Vorsichtig zuversichtlich Gigon (1968) 55; skeptisch Dührsen (2005) 84 mit Anm. 11.

werde.[68] Nimmt man dieses Zeugnis zusammen mit der oben zitierten Bemerkung des Apuleius, Thales habe sich unter anderem über
ventorum flatus, das Wehen der Winde, geäußert, dann liegt es nahe
zu vermuten, dass in der *Nautischen Astronomie* etwas über Meteo-
rologie gestanden hat; dies liegt ja auch nahe, bietet doch auch Arat
in den *Phainomena* Vergleichbares (733–1154).[69]

Selbst wenn nicht alle der hier angeführten Nachrichten tatsächlich auf die *Nautische Astronomie* verweisen sollten, bleibt doch
insgesamt der Eindruck, dass es sich bei ihr um ein Lehrgedicht ge-
handelt hat, das zentrale Probleme der Navigation, wohl auch unter Berücksichtigung meteorologischer bzw. wetterprognostischer
Fragen behandelte und insofern seinen Titel zu Recht trug. Kann
aber dieser Titel seinerseits überhaupt als glaubhaft bzw. plausibel
gelten?

In diesem Kontext ist die terminologische Unterscheidung interessant, die Aristoteles zwischen „mathematischer" und „nautischer"
Astronomie ansetzt.[70] Im ersten Buch der *Zweiten Analytiken* diffe-
renziert er zwischen verschiedenen Fragestellungen und verschiedenen Ebenen der Untersuchungstiefe im selben Wissensgebiet, je
nachdem, ob dort nach dem „Dass" (τὸ ὅτι) oder nach dem „Warum" (τὸ διότι) gefragt wird. Als Beispiele nennt er das Verhältnis der Optik zur Geometrie, der Mechanik zur Stereometrie, der
Harmonik zur Arithmetik und schließlich, was im Zusammenhang
dieser Arbeit von besonderem Interesse ist, von den (Himmels-)Er-
scheinungen (φαινόνεμα) zur Astronomie:

τοιαῦτα δ' ἐστίν ὅσα οὕτως ἔχει πρὸς ἄλληλα, ὥστ' εἶναι θάτερον
ὑπὸ θάτερον, οἷον τὰ ὀπτικὰ πρὸς γεωμετρίαν καὶ τὰ μηχανικὰ
πρὸς στερεομετρίαν καὶ τὰ ἀρμοκινὰ πρὸς ἀριθμητικήν. σχεδὸν
δὲ συνώνυμοί εἰσιν ἔνιαι τούτων ἐπιστημῶν, οἷον ἀστρολογία ἥτε
μαθεματικὴ καὶ ἡ ναυτική, καὶ ἁρμονικὴ ἥ τε μαθεματικὴ καὶ ἡ

---

[68] Liber Aristotelis de inundacione Nili 3 (ed. Bonneau) = Th 548 Wöhrle. Weitere Zeugnisse finden sich z.B. bei Diodorus Siculus (vor 60–nach 36 v. Chr.) 1, 38, 1 f. = Th 82
Wöhrle, Sen. nat. 4 A, 2, 22 = Th 100 Wöhrle. Ohne namentlichen Bezug auf Thales
erwähnt die Etesien-These bereits Herodot 2, 20.

[69] Vgl. Taub (2003) 47–51; freilich entstammt dieser Teil von Arats Lehrgedicht einer eigenen, vom nautischen Teil unabhängigen Quelle.

[70] Den epistemologischen Status der Nautik bei Platon und Aristoteles werde ich andern-
orts untersuchen.

κατὰ τὴν ἀκοήν. ἐνταῦθα γὰρ τὸ μὲν ὅτι τῶν αἰσθητικῶν εἰδέναι, τὸ δὲ διότι τῶν μαθηματικῶν· οὗτοι γὰρ ἔχουσι τῶν αἰτίων τὰς ἀποδείξεις, καὶ πολλάκις οὐκ ἴσασι το ὅτι.[71]

Derart ist alles, was sich so zu einander verhält, dass sich das eine unter dem anderen befindet, wie die Optik zur Geometrie, die Mechanik zur Stereometrie, die Harmonik zur Arithmetik und die Himmelserscheinungen zur Astronomie. Beinahe synonym sind einige dieser Wissensgebiete, wie die mathematische und die nautische Astronomie und die mathematische und die am Gehör orientierte Harmonik. Denn dort ist das „Dass" zu wissen Aufgabe derer, die ihre Sinne verwenden, aber das „Warum" zu wissen Aufgabe der Mathematiker. Denn diese haben die Beweise für die Ursachen, und oft kennen sie das „Dass" nicht.

Aristoteles unterscheidet hier zwischen, wie man heute sagt, „reiner" („theoretischer") und „angewandter" Astronomie[72], deren jeweiligen Status er mit dem der „mathematischen" Harmonik und der „nach dem Gehör" vergleicht.

Der Titel des Lehrgedichts, *Nautische Astronomie*, scheint mir auf diesem Hintergrund in sich glaubwürdig und naheliegend.[73] Dann aber hat das Werk, wenn es überhaupt von Thales (oder „Phokos") stammt, seinen Titel wohl nicht von ihm, sondern erst in einer späteren Zeit erhalten, in der eine Unterscheidung zwischen angewandter und reiner Astronomie überhaupt erst sinnvoll terminologisch zu treffen war. Für die Zeit des Thales selbst ist eine solche terminologische Differenzierung unwahrscheinlich. Viel spricht daher dafür, dass der Titel dem Gedicht erst in hellenistischer Zeit gegeben wurde, vielleicht im Kontext einer bibliothekarischen Erfassung – wenn dies zutrifft, dann wohl am ehesten in der Bibliothek von Alexandria, vielleicht sogar durch Kallimachos selbst, der das Werk ja möglicherweise gekannt hat, in seinen *Pinakes*. Es scheint plausibel, dass die soeben zitierte peripatetische Differenzierung zwischen mathematischer und nautischer Astronomie überhaupt erst dazu geführt hat, dass der Titel *Nautische Astronomie* im Prozess der Buchverzeichnung an das Thales zugeschriebene Lehrgedicht vergeben wur-

---

[71] Aristot. an. post. I 13, 78b39–79a2.
[72] Vgl. Hübner (1990) 27.
[73] Vgl. Santini (2002) 145: „Il titolo di questa opera è infatti accativante perché la marineria è stata di certo un campo provilegiato della ricerca astronomica (…)."

de. Dass das Gedicht in Alexandria vorlag, wurde schon früher von
der Forschung vermutet.[74]

Für die späte Formulierung des Titels spricht auch die Bildungs-
weise des Adjektivs ναυτικός. Das Nominalsuffix -τικος bzw.
-ικος ist ein „erst in junger Zeit produktiv gewordenes Formans".[75]
Abgesehen von drei Ethnika bei Homer (Ἀχαιικός, Πελασγικός,
Τρωικός) und einigen Wörtern im frühen Epos und bei den
Lyrikern (ἀγροιωτικός, βαρβαρικός, μουσικά, ὀρφανικός,
παρθενική, παιδικός)[76] tritt das Suffix erst seit Aischylos ver-
mehrt auf,[77] wird aber besonders seit der Sophistik und bei den Philosophen im späten 5. und im 4. Jh. v. Chr. häufiger verwendet, vor
allem wegen seiner „Eignung zur Bildung von termini technici"[78]
und seines „charactère intellectuel". Dem entspricht die Feststellung, dass sich Belege für das Adjektiv ναυτικός in der Dichtung
zuerst bei Aischylos, in der Prosa bei Herodot finden.[79] Überhaupt
deutet vieles darauf hin, dass Buchtitel, zumal solche, die mit Hilfe
von Adjektiven auf -τικος bzw. -ικος gebildet wurden, in der Zeit
des Thales noch nicht verwendet wurden.[80]

Die Formulierung des Titels Ναυτικὴ ἀστρολογία deutet also
wahrscheinlich auf eine taxonomische Intention hin, was, wie gesagt,
darauf schließen lässt, dass das Gedicht diesen Titel erst im Rahmen
seiner eidographischen Erfassung erhalten hat. Der für Thales' Zeit
außergewöhnlich modern klingende Titel – ein Forscher nannte ihn
zu Recht „straorinariamente moderno ed avanzato; detto alla buona,
un po'troppo bello per essere vero"[81] – ist also keineswegs ein Indiz, das gegen die Existenz eines so bezeichneten Gedichts spräche,
sondern vielmehr ein Zeichen für die Bemühung, es eidographisch
zu erfassen, und damit ganz im Gegenteil gerade ein Indiz für seine Existenz. Erwägt man weiterhin, wie unwahrscheinlich es wäre,

---

[74] Vgl. Davis (2009) 131 Anm. 44.
[75] Fraenkel (1913) 205.
[76] Vgl. Chantraine (1956) 101–103.
[77] Vgl. Chantraine (1956) 98 und Ammann (1953) 264–266.
[78] Fraenkel (1913) 207; vgl. auch Peppler (1910) 431: „The sudden and extensive use of
the termination -ικος is directly traceable to the Greek philosophers and sophists as a
class."
[79] Vgl. LSJ s.v. ναυτικός.
[80] Vgl. Schmalzriedt (1970) 47 f. mit Anm. 34.
[81] Janni (2002) 405.

dass ein in archaischer (oder zumindest archaisch anmutender) Sprache verfasstes Gedicht, für das Thales nicht von Anfang an als Autor ausgewiesen war und das andererseits keinen Titel hatte, sich in totaler Anonymie so lange – nämlich vom Zeitpunkt seiner Abfassung bis zu den Alexandrinern – hätte halten können, dann lässt sich die Annahme nicht völlig abweisen, dass es relativ früh Thales zugeschrieben worden sein könnte.

Wie dem auch sei: Jedenfalls zeigen die besprochenen Zeugnisse, dass spätestens in hellenistischer Zeit ein, wahrscheinlich in seiner Zuschreibung umstrittenes, in Versen verfasstes Werk vorlag, das eine Sternkunde für Seeleute zum Inhalt hatte und dabei auch Meteorologisches behandelte und das möglicherweise, will man Lobon glauben, etwa 200 Verse umfasste. Hierbei muss die Tatsache, dass es in Versen abgefasst war, nicht erstaunen. Als mnemotechnische Hilfe war diese Form die übliche vor dem Auftauchen der ersten Prosatraktate in der zweiten Hälfte des 6. Jh. v. Chr.[82]

Abschließend sei noch eine Überlegung zu einer weiteren, schon in der Antike sehr bekannten Äußerung angefügt, die Thales zugeschrieben wurde. Gemeint ist sein berühmter Vergleich der Erde mit einem Schiff, das sich auf dem Meer befindet,[83] wie ihn Seneca in seinen *Naturales quaestiones* referiert:

(1) Quae sequitur Thaletis inepta sententia est. ait enim terrarum orbem aqua sustineri et vehi more navigii mobilitateque eius fluctuare tunc, cum dicitur tremere. ,non est ergo mirum, si abundat umor ad flumina profundenda, cum mundus in umore sit totus.' (2) hanc veterem et rudem sententiam explode; nec est, quod credas in hunc orbem aquam subire per rimas et facere sentinam.[84]

---

3 (h)umor Ψ: humore Z (,terrarum orbis *subiectum subauditur*‘ *Hine*) 4 nec Ω: non *Hine, fort. recte*

---

[82] Vgl. z.B. Kahn (2003) 149.

[83] So wird er z.B. von Popper (2005) 183 an prominenter Stelle in seinen Ausführungen zu den Anfängen der griechischen Philosophie angeführt. Popper erwähnt dann die Kritik des Aristoteles an Thales, schließt sich ihr an und bemerkt, dass die Theorie, die Erde werde vom Ozean getragen „zu einem unendlichen Regreß“ führt, da sich „wiederum dieselbe Frage danach erhebt, worauf das Wasser ruht, das die Erde stützt, so wie [...] nach der Stütze der Erde selbst gefragt wurde.“ Vgl. Aristot. cael. II 13, 294a28–b6 = Th 30 Wöhrle.

[84] Sen. nat. 3, 14, 1 f. (vgl. DK 11 A 15) = Th 99 Wöhrle; Text und Apparat modifiziert nach der Teubner-Ausgabe von Harry Hine (1996).

(1) Die folgende Ansicht des Thales ist töricht. Er behauptet nämlich, dass der Erdkreis vom Wasser getragen werde und sich nach Art eines Schiffes bewege und aufgrund von dessen Beweglichkeit dann schwanke, wenn man sagt, sie erbebe. Es ist also kein Wunder, wenn Feuchtigkeit im Überfluss vorhanden ist, um Flüsse hervorströmen zu lassen, da die gesamte Welt in Flüssigkeit liegt. (2) Diese alte und rohe Ansicht verwerfe; und es gibt keinen Grund, dass du glaubst, das Wasser dringe von unten in unseren Erdkreis ein und bilde Bilgenwasser.

Ähnlich äußert sich Seneca auch an einer späteren Stelle derselben Schrift:

(1) In aqua causam non esse nec ab uno dictum est est nec uno modo. Thales Milesius totam terram subiecto iudicat umore portari et innare, sive illud oceanum vocas, sive magnum mare, sive alterius naturae simplicem adhuc aquam et umidum elementum. ‚hac', inquit, ‚unda sustinetur orbis velut aliquod grande navigium et grave his aquis, quae premit.' (2) supervacuum est reddere causas, propter quas existimat gravissimam partem mundi non posse spiritu tam tenui fugacique gestari; non enim nunc de situ terrarum, sed de motu agitur. illud argumenti loco ponit, aquas esse in causa, quibus hic orbis agitetur, quod in omni maiore motu erumpunt fere novi fontes (sicut in navigiis quoque evenit, ut, si inclinata sunt et abierunt in latus, aquam sorbeant, quae in omni eorum onere, quae vehit, si immodice depressa sunt, aut superfunditur aut certe dextra sinistraque solito magis surgit).[85]

---

9 in omni $ZL^2\vartheta\pi$: omni δ nimio *Watt* vi omni *Gercke* nomine *Shakleton Bailey* onere *ed. Ven.*[1]: (h)onerum Z $\vartheta\pi$ (h)oneri δ pondere *Watt*

(1) Dass im Wasser nicht die Ursache liegt, ist weder nur von einem gesagt worden noch auf nur eine Weise. Thales von Milet urteilt, dass die ganze Erde von unter ihr befindlicher Flüssigkeit getragen werde und darauf schwimme, sei es, dass man es Ozean oder großes Meer oder ein bisher einfaches Wasser anderer Natur und feuchtes Urelement nennt. Von dieser Woge, sagt er, wird der Erdkreis getragen wie ein besonders großes und schweres Schiff auf den Gewässern, auf denen es lastet. (2) Es ist überflüssig, Gründe zu nennen, derentwegen er meint, dass der schwerste Teil der Welt nicht von der Luft, so dünn und leicht, getragen wird; es geht jetzt nämlich nicht um die Lage der Erde, sondern um ihre Bewegung. Jenes verwendet er als Beweis, dass die Gewässer die Ursache darstellen, durch welche dieser Erdkreis erschüttert wird, nämlich dass bei jeder größeren Erdbewegung (wie es auch Schiffen

---

[85] Sen. nat. 6, 6, 1 f. = Th 101 Wöhrle; Text und Apparat orientieren sich mit einigen Modifikationen an der Teubner-Ausgabe von Harry Hine (1996).

geschieht, dass sie, wenn sie sich geneigt und Schlagseite bekommen haben, Wasser aufnehmen, das bei jeder Last von denen, die es trägt, wenn diese übermäßig nach unten gedrückt werden, entweder überfließt oder doch rechts und links mehr als gewöhnlich ansteigt).

Diese Thales zugeschriebenen, eigenartig anmutenden Thesen[86] haben, wie man sieht, schon seit ihren ersten Erwähnungen bei Aristoteles[87] einige Kritik hervorgerufen. Vielleicht kann man dieser Kritik begegnen, indem man das Gesagte anders als bisher deutet – wenn man nicht mit Teilen der Forschung ohnehin davon ausgehen will, dass die Zuschreibung der Thesen an Thales spät zu datieren ist, nämlich als eine von Aristoteles aus einer Stelle in Platons *Kratylos* heraus entwickelte Hypothese.[88]

Aber auch wenn Thales nicht der Urheber dieser Thesen ist, könnte der Vergleich dennoch aus der *Nautischen Astronomie* stammen, zumal wenn diese tatsächlich das einzige Werk in Schriftform darstellt, das Thales zugeschrieben und unter seinem Namen – möglicherweise auch von Aristoteles?[89] – rezipiert wurde. Vielleicht wurde nun dieser Vergleich ursprünglich gar nicht verwendet, um die Situation auf der Erde bei einem Erdbeben zu illustrieren, sondern gerade umgekehrt, mit vertauschtem Bildspender und -empfänger, um die Lage auf einem bei starkem Seegang schwankenden Schiff zu beschreiben, auf dem man sich fühlt wie bei einem Erdbeben (was freilich grundsätzlich die Vorstellung voraussetzt, dass die Erde auf dem Wasser ruht).

Eine Herkunft aus der *Nautischen Astronomie* könnte auch erklären, weshalb in der Thales zugeschriebenen Konzeption ausdrück-

---

[86] Vgl. Fehling (1985) 62: „[…] die Vorstellung, die Erde schwimme auf dem Wasser, ist unnatürlich; nach der Lebenserfahrung ist Boden unter dem Wasser und Wasser ohne Boden zerfließt. Nur mit einem nach allen Seiten und nach unten strikt unendlichen Ozean wäre sie überhaupt denkbar. Dies aber widerspräche allen orientalischen und griechischen Vorstellungen; der Okeanos ist ja nur ein Fluß."

[87] Vgl. Aristot. metaph. I 3, 983b20–984a7 (= Th 29 Wöhrle) sowie die gerade erwähnte Stelle aus *De caelo*.

[88] Plat. Krat. 402b; vgl. z.B. Fehling (1985) 61 f.

[89] Snell (1966) 120–122 und 126 f. macht allerdings plausibel, dass bekannte und wichtige Thales zugeschriebene Kernsätze, die Aristoteles anführt, v.a. dass der Magnetstein beseelt, dass alles, was ist, voller Götter sei und dass das Wasser die erste Ursache sei, erst auf von ihm ausgewertete Referate in Zwischenquellen zurückgehen, z.B. auf den bereits weiter oben erwähnten Hippias. Vgl. auch Gigon (1968) 56 f.; West (1971) 208 f.

lich davon die Rede ist, dass die Erde auf dem Wasser schwimme,[90] was gerade im Vergleich mit der orientalischen Tradition auffällig ist, wo diese abstruse Idee fehlt.[91] Dieses ursprünglich eindrucksvolle Bild wäre dann, nicht zuletzt wegen seiner einprägsamen Formulierung und auch unter Einfluss nichtgriechischer mythologischer Weltkonzepte[92], in dekontextualisierter Form tradiert und zu einem bestimmten Zeitpunkt in seiner Perspektive geradezu umgedreht worden.

Abschließend lässt sich festhalten, dass die Existenz einer vorhellenistischen *Nautischen Astronomie*, also eines primär an den Erfahrungen und Bedürfnissen von Seefahrern orientierten und an diese gerichteten Lehrgedichts über Astronomie, eine große Plausibilität besitzt und sich sogar mehrere Angaben über ihren vermutlichen Inhalt machen lassen. Nautische Lehrdichtung dieser Art bildete ihrerseits, so darf man vermuten, ein mögliches Substrat, aus dem im Hellenismus eine nautische Handbuchliteratur in Prosa erwachsen konnte. Dieser Entwicklung soll in weiteren Untersuchungen nachgegangen werden.

---

[90] Aristot. cael. II 13, 294a30 spricht davon, dass die Erde wegen ihrer Schwimmfähigkeit (διὰ τὸ πλωτὴν εἶναι) auf dem Wasser ruhe „wie Holz oder etwas dergleichen" (ὥσπερ ξύλον ἤ τι τοιοῦτον).

[91] Vgl. Fehling (1985) 62 Anm. 131.

[92] Vgl. Gigon (1968) 46; Ricken (2007) 22 f.

Literatur

Ammann (1953): Adolf N. Ammann: *-IKOΣ bei Platon. Mit Materialsammlung*, Bern 1953 [Diss.].

Bees (2011): Robert Bees: *Zenons Politeia*, Leiden / Boston 2011.

Bichler (1989): Reinhold Bichler: Rez. von Fehling (1985), in: *Anzeiger für die Altertumswissenschaft* 42 (1989), 187–192.

Blum (1977): Rudolf Blum: *Kallimachos und die Literaturverzeichnung bei den Griechen. Untersuchungen zur Geschichte der Biobibliographie*, Frankfurt am Main 1977.

Chantraine (1956): Pierre Chantraine: *Études sur le vocabulaire grec*, Paris 1956.

Citroni (2001): Mario Citroni: „Affirmazioni di priorità e conscienza di progresso artistico nei poeti latini", in: Ernst A. Schmidt / François Paschoud / Claudia Wick (Hgg.): *L'histoire littéraire immanente dans la poésie latine*; Vandœuvres-Genf 2001, 267–304.

Classen (1965): C. Joachim Classen: Art. „Thales", in: *RE Supplement X*, Stuttgart 1965, 930–947.

Couprie (2011): Dirk L. Couprie: *Heaven and Earth in Ancient Greek Cosmology. From Thales to Heraclides Ponticus*, New York/Dordrecht/Heidelberg/London 2011.

Davis (2009): Danny L. Davis.: *Commercial Navigation in the Greek and Roman World*, Austin, Texas 2009 [Diss. University of Texas].

Demandt (1970): *Verformungstendenzen in der Überlieferung antiker Sonnen- und Mondfinsternisse*, Wiesbaden 1970.

Dicks (1959): David R. Dicks, „Thales", in: *Classical Quarterly* N.S. 9 (1959), 294–309.

DK: Hermann Diels (Hg.): *Die Fragmente der Vorsokratiker. Griechisch und deutsch. 2 Bde., mit Nachträgen hrsg. von Walter Kranz*, Stuttgart [6]1951/1952.

Dührsen (2005): Niels C. Dührsen: „Zur Entstehung der Überlieferung über die Geometrie des Thales", in: Georg Rechenauer (Hg.): *Frühgriechisches Denken*, Göttingen 2005, 81–101.

Dunsch (2012): Boris Dunsch: „*Arte rates reguntur*: Nautical Handbooks in Antiquity?", in: *Studies in History and Philosophy of Science* 43 (2012), 270–283.

Erren (2009): Manfred Erren (Hg.): *Aratos. Phainomena. Sternbilder und Wetterzeichen. Griechisch-deutsch*, Düsseldorf 2009.

Erren (1967): Manfred Erren: *Die Phainomena des Aratos von Soloi. Untersuchungen zum Sach- und Sinnverständnis*, Wiesbaden 1967.

Effe (2005): Bernd Effe: „Typologie und literarhistorischer Kontext: Zur Gattungsgeschichte des griechischen Lehrgedichts", in: Marietta Horster / Christiane Reitz (Hgg.): *Wissensvermittlung in dichterischer Gestalt*, Wiesbaden 2005, 27–44.

Effe (1977): Bernd Effe: *Dichtung und Lehre. Untersuchungen zur Typologie des antiken Lehrgedichts*, München 1977.

Fakas (2001): Christos Fakas: *Der hellenistische Hesiod. Arats Phainomena und die Tradition der antiken Lehrepik*, Wiesbaden 2001.

Fehling (1985): Detlev Fehling: *Die sieben Weisen und die frühgriechische Chronologie. Eine traditionsgeschichtliche Studie*, Bern / Frankfurt am Main 1985.

Fraenkel (1913): Ernst Fraenkel: „Beiträge zur Geschichte der Adjektiva auf -τικος", in: *Zeitschrift für vergleichende Sprachforschung auf dem Gebiete der Indogermanischen Sprachen* 45 (1913), 205–224.

Gemelli Marciano (2007): M. Laura Gemelli Marciano (Hg.): *Die Vorsokratiker. Band 1: Thales – Anaximander – Anaximenes – Pythagoras und die Pythagoreer – Xenophanes – Heraklit*, Düsseldorf 2007.

Gericke (1984): Helmut Gericke: *Mathematik in Antike und Orient*, Berlin / Heidelberg / New York / Tokio 1984.

Gigon (1972): Olof Gigon: „Die Vorsokratiker", in: Olof Gigon: *Studien zur antiken Philosophie*, Berlin / New York 1972, 1–7.

Gigon (1968): Olof Gigon: *Der Ursprung der griechischen Philosophie. Von Hesiod bis Parmenides*, Basel / Stuttgart ²1968.

Görgemanns (2000): Herwig Görgemanns: „Sonnenfinsternisse in der antiken Astronomie", in: Helga Köhler / Herwig Görgemanns / Manuel Baumbach (Hgg.): *„Stürmend auf finsterem Pfad ..." Ein Symposion zur Sonnenfinsternis in der Antike*, Heidelberg 2000, 61–81.

Greaves (2000): Alan M. Greaves: „Miletos and the Sea: a Stormy Relationship", in: Graham J. Oliver/ Roger Brock / J. Cornell / Stephen J. Hodkinson (Hgg.): *The Sea in Antiquity*, Oxford 2000, 39–61.

Harder (2007): Annette Harder: „To Teach or not to Teach ...? Some Aspects of the Genre of Didactic Poetry in Antiquity", in: Annette Harder / Alasdair A. MacDonald / Gerrit J. Reinink (Hgg.): *Calliope's Classroom. Studies in Didactic Poetry from Antiquity to the Renaissance*, Paris / Leuven / Dudley (MA) 2007, 23–47.

Healy (1999): John F. Healy: *Pliny the Elder on Science and Technology*, Oxford 1999.

HGL 1 (2011): Bernhard Zimmermann (Hg.): *Die Literatur der archaischen und klassischen Zeit*, München 2011 (= *Handbuch der griechischen Literatur der Antike*; Bd. 1).

Hornig (1998): Karin Hornig: „Die antike Navigation und Thales", in: Klaus Döring / Bernhard Herzhoff / Georg Wöhrle (Hgg.), *Antike Naturwissenschaft und ihre Rezeption*, Bd. 8, Trier 1998, 7–24.

Hübner (1990): Wolfgang Hübner: *Die Begriffe „Astrologie" und „Astronomie" in der Antike. Wortgeschichte und Wissenschaftssystematik, mit einer Hypothese zum Terminus „Quadrivium"*, Stuttgart 1990.

Hunink (2001): Vincent Hunink: *Apuleius of Madauros. Florida*, Amsterdam 2001.

Huxley (1963): George Huxley: „A Fragment of Cleostratus of Tenedos", in: *Greek, Roman and Byzantine Studies* 4 (1963), 97–99.

Janni (2002): Pietro Janni: „Nautica", in: Mastrorosa/Zumbo (2002), 395–412.

Kahn (2003): Charles H. Kahn: „Writing Philosophy. Prose and Poetry from Thales to Plato", in: Harvey Yunis (Hg.): *Written Texts and the Rise of Literate Culture in Ancient Greece*, Cambridge 2003, 139–161.

Kirk/Raven/Schofield (2001): Geoffrey S. Kirk / John E. Raven / Malcolm Schofield: *Die vorsokratischen Philosophen. Einführung, Texte und Kommentare*, Stuttgart / Weimar 2001.

Kleingünther (1933): Adolf Kleingünther: *ΠΡΩΤΟΣ ΕΥΡΕΤΗΣ. Untersuchungen zur Geschichte einer Fragestellung*, Leipzig 1933.

Kullmann et al. (1998): Wolfgang Kullmann / Jochen Althoff / Markus Asper (Hgg.): *Gattungen wissenschaftlicher Literatur in der Antike*, Tübingen 1998, 193–215.

La Rocca (2005): Adolfo La Rocca: *Il filosofo e la città. Commento storico ai Florida di Apuleio*, Rom 2005.

Lee (2005): Benjamin Todd Lee: *Apuleius' Florida. A Commentary*, Berlin / New York 2005.

Long (2001): Anthony A. Long (Hg.): *Frühe griechische Philosophie. Von Thales bis zu den Sophisten*, Stuttgart 2001.

LSJ: Henry G. Liddell / Robert Scott (Hgg.): *A Greek-English Lexicon*, revised and augmented by Sir Henry Stuart Jones with the assistance of Roderick McKenzie and with the cooperation of many scholars. With revised supplement, Oxford 1996.

Ludwig (1963): Walther Ludwig, „Die Phainomena Arats als hellenistische Dichtung", in: *Hermes* 91 (1963), 425–448.

Mansfeld (2001): Jaap Mansfeld: „Quellen", in: Long (2001), 21–41.

Mastrorosa/Zumbo (2002): Ida Mastrorosa / Antonio Zumbo (Hgg.): *Letteratura scientifica e tecnica di Grecia e Roma*, Rom 2002.

Medas (1998): Stefano Medas: „*Siderum observationem in navigando Phoenices (invenerunt)* (Plinio, *N.H.*, VII, 209). Appunti di „navigazione astronomica" fenicio-punica", in: *Rivista di Studi Fenici* 26 (1998), 147–173.

Merkelbach/West (1967): Rainer Merkelbach / Martin L. West (Hgg.), *Fragmenta Hesiodea*, Oxford 1967 (Ndr. 1999).

Meyer (1993): Doris Meyer: „Nichts Unbezeugtes singe ich": Die fiktionale Darstellung der Wissenstradierung bei Kallimachos, in: Wolfgang Kullmann / Joachen Althoff (Hgg.): *Vermittlung und Tradierung von Wissen in der griechischen Kultur*, Tübingen 1993, 317–352.

Mosshammer (1981): Alden A. Mosshammer: „Thales' Eclipse", in: *Transactions of the American Philological Association* 111 (1981), 145–155.

Nilsson (1905): Martin P. Nilsson: „ΚΑΤΑΠΛΟΙ (Beiträge zum Schiffskataloge und zu der altionischen nautischen Litteratur)", in: *Rheinisches Museum für Philologie* 60 (1905), 161–189.

O'Grady (2002): Patricia F. O'Grady: *Thales of Miletus. The Beginnings of Western Science and Philosophy*, Aldershot 2002.

Panchenko (1994): Dmitri Panchenko: „Thales's Prediction of a Solar Eclipse", in: *Journal for the History of Astronomy* 25 (1994), 275–288.

Peppler (1910): Charles W. Peppler: „The Termination -κος, as Used by Aristophanes for Comic Effect", in: *American Journal of Philology* 31 (1910), 428–444.

Popper (2005): Karl Popper: *Die Welt des Parmenides. Der Ursprung des europäischen Denkens*, München 2005 (engl.: *The World of Parmenides. Essays on the Presocratic Enlightenment*, London / New York 1998).

Ricken (2007): Friedo Ricken: *Philosophie der Antike*, Stuttgart ⁴2007.

Santini (2002): Carlo Santini: „Astronomia", in: Mastrorosa/Zumbo (2002), 139–189.

Schröder (1990): Stephan Schröder: *Plutarchs Schrift De Pythiae oraculis. Text, Einleitung und Kommentar*, Stuttgart 1990.

Schmalzriedt (1970): Egidius Schmalzriedt: *ΠΕΡΙ ΦΥΣΕΩΣ. Zur Frühgeschichte der Buchtitel*, München 1970.

Schmitz (2000): Thomas Schmitz: „Delphine als Bergwanderer: Die Sonnenfinsternis bei Archilochos (frg. 122 W.)", in: Helga Köhler / Herwig Görgemanns / Manuel Baumbach (Hgg.): *„Stürmend auf finsterem Pfad …" Ein Symposion zur Sonnenfinsternis in der Antike*, Heidelberg 2000, 125–149.

Schwinge (1986): Ernst-Richard Schwinge: *Künstlichkeit von Kunst. Zur Geschichtlichkeit der alexandrinischen Poesie*, München 1986.

Sider/Brunschön (2007): David Sider / Carl Wolfram Brunschön (Hgg.): *Theophrastus of Eresus. On Weather Signs*, Leiden 2007.

Snell (1966): Bruno Snell: „Die Nachrichten über die Lehren des Thales und die Anfänge der griechischen Philosophie- und Literaturgeschichte", in: Ders.: *Gesammelte Schriften*, Göttingen 1966, 119–128.

Stephenson (1997): F. Richard Stephenson: *Historical Eclipses and Earth's Rotation*, Cambridge 1997.

Stephenson/Fatoohi (1997): F. Richard Stephenson / Louay J. Fatoohi: „Thales's Prediction of a Solar Eclipse", in: *Journal for the History of Astronomy* 28 (1997), 279–282.

Szabó (1994): Árpád Szabó: *Die Entfaltung der griechischen Mathematik*, Mannheim / Leipzig / Wien / Zürich 1994.

Taub (2003): Liba Taub: *Ancient Meteorology*, London / New York 2003.

van der Waerden (1988): Bartel Leendert van der Waerden: *Die Astronomie der Griechen. Eine Einführung*, Darmstadt 1988.

Volk (2010): Katharina Volk: „Aratus", in: James J. Clauss / Martine Cuypers (Hgg.): *A Companion to Hellenistic Literature*, Malden (MA) 2010, 197–210.

Wasserstein (1955): Abraham Wasserstein: „Thales' Determination of the Diameters of the Sun and Moon", in: *Journal of Hellenic Studies* 75 (1955), 114–116.

Wehrli (1969): Fritz Wehrli (Hg.): *Die Schule des Aristoteles. Band 8: Eudoxos von Rhodos*, Basel / Stuttgart ²1969.

Wenskus (1990): Otta Wenskus: *Astronomische Zeitangaben von Homer bis Theophrast*, Stuttgart 1990.

West (1971): Martin L. West: *Early Greek Philosophy and the Orient*, Oxford 1971.

Wimmel (1981): Walter Wimmel: *Die Kultur holt uns ein. Die Bedeutung der Textualität für das geschichtliche Werden*, Würzburg 1981.

Wimmel (1960): Walter Wimmel: *Kallimachos in Rom. Die Nachfolge seines apologetischen Dichtens in der Augusteerzeit*, Wiesbaden 1960.

Wöhrle (2009): Georg Wöhrle (Hg.): *Die Milesier: Thales*, Berlin 2009.

Zhmud (2006): Leonid Zhmud: *The Origin of the History of Science in Classical Antiquity*, Berlin / New York 2006.

Felix M. Prokoph

Verzeichnis der Schriften Walter Wimmels

In zwei Publikationen, die das wissenschaftliche Œuvre des Klassischen Philologen Walter Wimmel würdigen und reflektieren – einem
Band mit thematisch ausgewählten opera minora von Walter Wimmel selbst sowie einer Festgabe zu seinen Ehren mit Beiträgen von
Kollegen und Freunden – wurden für zwei Zeiträume bereits Schriftenverzeichnisse zusammengestellt:

> Ein Schriftenverzeichnis für die von Jahre von 1950 bis 1987 bietet:
> *Walter Wimmel. Collectanea. Augusteertum und späte Republik.*
> *Herausgegeben von Klaus Kubusch*, Wiesbaden 1987, 428–430.
>> Rezension von: Alain Vassileiou, in: *Revue de philologie, de littérature et*
>> *d'histoire anciennes* 63,2 (1989), 395–397.

> Ein Schriftenverzeichnis für die Jahre von 1987[1] bis 1998 enthält:
> *Candide iudex. Beiträge zur augusteischen Dichtung. Festschrift*
> *für Walter Wimmel zum 75. Geburtstag. Herausgegeben von Anna*
> *Elissa Radke*, Stuttgart 1998, 11.
>> Rezension von: Alessandro Barchiesi, in: *Bryn Mawr Classical Review*
>> 1998. 11. 28.

In der hier folgenden Bibliographie werden beide Schriftenverzeichnisse zusammengeführt, wodurch es möglich wurde, zu den wenigen
Stellen, für die dies angeraten war, Ergänzungen und Präzisierungen
bzw. Korrekturen vorzunehmen. Außerdem werden zu denjenigen
Titeln, die bei Erstellung jener Schriftenverzeichnisse zwar bereits
angekündigt bzw. eingereicht worden waren, zu denen dort jedoch
noch keine bibliographisch vollständigen Informationen erfolgen
konnten, hier nun die korrigierten bzw. komplettierten Angaben ge-

---

[1] Für das Jahr 1987 werden in beiden Schriftenverzeichnissen Publikationen Walter Wimmels verzeichnet.

geben. Darüber hinaus wird ein weiterer, noch im Jahr 1998 erschienener Aufsatz nachgetragen und werden hier erstmals die seit 1999 erschienen Schriften Walter Wimmels aufgeführt.

Sind zu einem Jahr mehrere Publikationen verzeichnet, so werden zuerst Monographien (inkl. Herausgaben) aufgeführt, sodann Aufsätze (zunächst solche in Sammelbänden, dann diejenigen in Zeitschriften) und schließlich Rezensionen, sonstige Veröffentlichungen sowie auch Artikel, unter die hier erstmalig auch diejenigen aufgenommen wurden, die Walter Wimmel als renommierter Experte für historische Waffenkunde publiziert hat.

Rezensionen zu von Walter Wimmel veröffentlichten Monographien werden, soweit sie bekannt sind bzw. recherchiert werden konnten, direkt nach dem Eintrag der jeweiligen Monographie nachgewiesen.

1950
Beobachtungen zur frühen augusteischen Dichtung, Freiburg im Breisgau 1950 [maschinenschriftliche Dissertation] (138 Seiten).

1952
[Rezension] „Hildebrecht Hommel: *Horaz. Der Mensch und das Werk*, Heidelberg 1950", in: *Gnomon* 24,2 (1952), 112–114.

1953
„Über das Verhältnis der 4. Ecloge zur 16. Epode", in: *Hermes* 81,3 (1953), 317–344.[2]

1954
„Eine Besonderheit der Reihung in augusteischen Gedichten", in: *Hermes* 82,2 (1954), 199–230.[3]

1955
[Rezension] „Josef Kroll: *Elysium*. Günther Jachmann: *Die vierte Ecloge Vergils*, Köln und Opladen 1953", in: *Gnomon* 27,3 (1955), 181–183.

---

[2] Dieser Aufsatz wurde aufgenommen in: *Walter Wimmel. Collectanea. Augusteertum und späte Republik. Herausgegeben von Klaus Kubusch*, Wiesbaden 1987, 1–28.

[3] Dieser Aufsatz wurde aufgenommen in: *Collectanea* [s. o. Anm. 2], 29–60.

1957

„Zum Verhältnis einiger Stellen des xenophontischen und des platonischen Symposions", in: *Gymnasium* 64,3 (1957), 230–250.

1958

„Philitas im Aitienprolog des Kallimachos", in: *Hermes* 86,3 (1958), 346–354.[4]

„Rom in Goethes Römischen Elegien und im letzten Buch des Properz", in: *Antike und Abendland* 7 (1958), 121–138.

[Rezension] „*Xenophon. Die sokratischen Schriften. Übertragen und herausgegeben von Ernst Bux*, Stuttgart 1956", in: *Gymnasium* 65,6 (1958), 551–552.

[Rezension] „*Xenophon. Erinnerungen an Sokrates. Übertragen von Johannes Irmscher*, Berlin 1955", in: *Gymnasium* 65,6 (1958), 552–554.

1960

Kallimachos in Rom. Die Nachfolge seines apologetischen Dichtens in der Augusteerzeit, Hermes Einzelschriften Bd. 16, Wiesbaden 1960 [zugleich Habilitationsschrift, Freiburg im Breisgau 1957] (344 Seiten).

    Rezensionen von: Georg Luck, in: *Gnomon* 33,4 (1961), 366–373; Robin G. M. Nisbet, in: *The Journal of Roman Studies* 52 (1962), 291; Edward John Kenney, in: *The Classical Review* 76,1 [= N. S. 12,1] (1962), 57–58.

1961

„Tibull II 5 und das elegische Rombild", in: *Gedenkschrift für Georg Rohde. Herausgegeben von Gerhard Radke*, ΑΠΑΡΧΑΙ Bd. 4, Tübingen 1961, 227–266.[5]

---

[4]   Dieser Aufsatz wurde erneut abgedruckt in: *Kallimachos. Herausgegeben von Aristoxenos D. Skiadas*, Wege der Forschung Bd. 296, Darmstadt 1975, 70–80.

[5]   Dieser Aufsatz wurde aufgenommen in: *Collectanea* [s. o. Anm. 2], 80–119.

„Vergils Eclogen und die Vorbilder der 16. Epode des Horaz", in: *Hermes* 89,2 (1961), 208–226.[6]

„Roms Schicksal im Eingang der taciteischen Annalen", in: *Antike und Abendland* 10 (1961), 35–52.

[Rezension] „Giusto Monaco: *Il libro dei ludi*, Palermo 1957", in: *Gnomon* 33,1 (1961), 47–54.

1962

Zur Form der horazischen Diatribensatire, Frankfurt am Main 1962 (77 Seiten).

> Rezensionen von: Ulrich Knoche, in: *Gnomon* 35,5 (1963), 470–475; Charles Oscar Brink, in: *The Classical Review* 78,2 [= N. S. 14,2] (1964), 161–163, Alfred Ernout, in: *Revue de philologie, de littérature et d'histoire anciennes* 38,1 (1964), 177.

„Doppelsinnige Formulierung bei Horaz?", in: *Glotta* 40,1/2 (1962), 119–143.[7]

„Aglauros in Ovids Metamorphosen", in: *Hermes* 90,3 (1962), 326–333.[8]

1963

[Rezension] „Alfred Schmitz: *Infelix Dido. Étude esthétique et psychologique du livre 4 de l'Énéide de Virgile*, Gembloux 1960", in: *Gnomon* 35,7 (1961), 668–671.

1964

„Zur Satzerwartung bei Horaz, sat. 1, 3, 70", in: *Wiener Studien* 77 (1964), 128–137.[9]

---

[6] Dieser Aufsatz wurde aufgenommen in: *Collectanea* [s. o. Anm. 2], 61–79.
[7] Dieser Aufsatz wurde aufgenommen in: *Collectanea* [s. o. Anm. 2], 120–144.
[8] Dieser Aufsatz wurde aufgenommen in: *Collectanea* [s. o. Anm. 2], 145–152.
[9] Dieser Aufsatz wurde aufgenommen in: *Collectanea* [s. o. Anm. 2], 153–162.

[Rezension] „George E. Duckworth: *Structural patterns and propositions in Vergil's Aeneid. A study in mathematical composition*, Ann Arbor 1962", in: *Gnomon* 36,1 (1964), 56–60.

[Rezension] „Ernst Kieckers: *Historische lateinische Grammatik (mit Berücksichtigung des Vulgärlateins und der romanischen Sprachen. Laut und Formenlehre)*, 3. Auflage, München 1962", in: *Kratylos* 9,2 (1964), 173–178.

1965

„Recusatio-Form und Pindarode", in: *Philologus* 109,1/2 (1965), 83–103.[10]

[Rezension] „*P. Vergili Maronis Aeneidos liber tertius. Edited with a commentary by Robert Deryck Williams*, Oxford 1962", in: *Gnomon* 37,2 (1965), 268–271.

1966

„*Quid oportet nos facere a volgo longe longeque remotos?* Zur Frage von Hor. s. 1, 6, 17 f. und zum Eingang dieser Satire", in: *Wiener Studien* 79 (1966), 351–364.[11]

1967

„*Luna moraturis sedula luminibus.* Zu Properz 1, 3, 31/32", in: *Rheinisches Museum für Philologie* 110,1 (1967), 70–75.[12]

„Die zeitlichen Vorwegnahmen in Sallusts *Catilina*", in: *Hermes* 95,2 (1967), 192–221.[13]

[Vortragszusammenfassung] „Die zeitlichen Vorwegnahmen in Sallusts *Catilina*" in: *Acta Philolologica Aenipontana* 2 (1967), 86–87.

---

[10] Dieser Aufsatz wurde aufgenommen in: *Collectanea* [s. o. Anm. 2], 163–183.
[11] Dieser Aufsatz wurde aufgenommen in: *Collectanea* [s. o. Anm. 2], 184–197.
[12] Dieser Aufsatz wurde aufgenommen in: *Collectanea* [s. o. Anm. 2], 199–203.
[13] Dieser Aufsatz wurde aufgenommen in: *Collectanea* [s. o. Anm. 2], 339–368.

[Vortragszusammenfassung] „Die Deutung des römischen Bürgerkriegs durch Horaz" in: *Acta Philolologica Aenipontana* 2 (1967), 87–89.

1968

Der frühe Tibull, Studia et Testimonia Antiqua Bd. 6, München 1968 (283 Seiten).

Rezensionen von: Jean Granarolo, in: *Latomus* 28,3 (1969), 727–729; Edward John Kenney, in: *The Classical Review* 84,3 [= N. S. 20,3] (1970), 337–340; Joseph Hellegouarc'h, in: *Revue de philologie, de littérature et d'histoire anciennes* 44,2 (1970), 336–337; Hugh Edward Pillinger, in: *Gnomon* 43,1 (1971), 26–31.

1969

Zur Frage von Vergils dichterischer Technik in der Aeneismitte. Der Beginn der Feindseligkeiten in Latium, Marburg 1969 (21 Seiten).[14]

Rezensionen von: William Anthony Camps, in: *The Classical Review* 86,1 [= N. S. 22,1] (1972), 108–109; Pierre Miniconi, in: *Latomus* 32,1 (1973), 207–209.

„*Vir bonus et sapiens dignis ait esse paratus* … Zur horazischen Epistel 1, 7", in: *Wiener Studien* 82 [= N. F. 3] (1969), 60–74.[15]

1970

Forschungen zur römischen Literatur. Festschrift zum 60. Geburtstag von Karl Büchner. Herausgegeben von Walter Wimmel, Wiesbaden 1970 (314 Seiten).[16]

„Apollo – Paupertas. Zur Symbolik von Berufungsvorgängen bei Properz, Horaz und Calpurnius", in: *Forschungen zur römischen Literatur* [s. vorheriger Eintrag], 291–297.[17]

---

[14] Diese Abhandlung wurde aufgenommen in: *Collectanea* [s. o. Anm. 2], 219–239.
[15] Dieser Aufsatz wurde aufgenommen in: *Collectanea* [s. o. Anm. 2], 204–218.
[16] Der Band enthält Walter Wimmels Vorwort „Zum Geleit", VII.
[17] Dieser Aufsatz wurde aufgenommen in: *Collectanea* [s. o. Anm. 2], 257–263.

„Vergil und das Atlantenfragment des Naevius", in: *Wiener Studien* 83 [= N. F. 4] (1970), 84–100.[18]

1971

„Quisquis et occurret, ne possit crimen habere, stet procul … (Zu Tibull 1, 6, 41/2)", in: *Hermes* 99,2 (1971), 156–163.[19]

1973

‚Hirtenkrieg' und arkadisches Rom. Reduktionsmedien in Vergils Aeneis, Abhandlungen der Marburger Gelehrten Gesellschaft Bd. 1/1972 [= Bd. 7 der Reihe], Marburg 1973 (135 Seiten).

    Rezensionen von: Eckhard Christmann, in: *Gnomon* 48,1 (1976), 32–36; Michael C. J. Putnam, in: *Classical Philology* 71,3 (1976), 283–286.

„Ciceros stellvertretendes Opfer. Zum Text der Oratio cum populo gratias egit, § 1", in: *Wiener Studien* 86 [= N. F. 7] (1973), 105–112.[20]

[Rezension] „Giovanni Capovilla: *Callimaco*, 2 Bände, Rom 1967", in: *Anzeiger für die Altertumswissenschaft* 26,1/2 (1973), 58–60.

1974

Die technische Seite von Caesars Unternehmen gegen Avaricum (B.G. 7,13ff.), Abhandlungen der geistes- und sozialwissenschaftlichen Klasse der Akademie der Wissenschaften und der Literatur (Mainz) Bd. 9/1973, Wiesbaden 1973 (52 Seiten).

    Rezension von: Dietwulf Baatz, in: *Gnomon* 48,3 (1976), 307–308.

„Cicero auf platonischem Feld (zu § 9 des Orator), in: *Studia Platonica. Festschrift für Hermann Gundert zu seinem 65. Geburtstag am 30.4.1974. Herausgegeben von Klaus Döring und Wolfgang Kullmann*, Amsterdam 1974, 185–194.[21]

---

[18] Dieser Aufsatz wurde aufgenommen in: *Collectanea* [s. o. Anm. 2], 240–256.
[19] Dieser Aufsatz wurde aufgenommen in: *Collectanea* [s. o. Anm. 2], 264–271.
[20] Dieser Aufsatz wurde aufgenommen in: *Collectanea* [s. o. Anm. 2], 369–376.
[21] Dieser Aufsatz wurde aufgenommen in: *Collectanea* [s. o. Anm. 2], 386–395.

„Das verhängnisvolle Jahr. Zum Text von Ciceros Rede Pro Sestio § 15", in: *Hermes* 102,3 (1974), 467–475.[22]

1975

Der Philologe Karl Büchner. Versuch einer Würdigung aus Anlaß seines fünfundsechzigsten Geburtstags (mit einem Verzeichnis der wissenschaftlichen Veröffentlichungen Karl Büchners), Marburg 1975 (33 Seiten).[23]

„Der Retter Cicero und die römische Krise (Zur Überlieferung von Pro Sestio § 145)", in: *Hermes* 103,4 (1975), 463–468.[24]

1976

Tibull und Delia. Erster Teil. Tibulls Elegie 1,1, Hermes Einzelschriften Bd. 37, Wiesbaden 1976 (120 Seiten).

> Rezensionen von: Karl Vretska, in: *Gnomon* 51,1 (1979), 18–22; Simone Viarre, in: *Revue de philologie, de littérature et d'histoire anciennes* 53,2 (1979), 358–359; Günther E. Thüry, in: *Anzeiger für die Altertumswissenschaft* 37,3/4 (1984), 241–244.

1979

„Siegende Magerkeit. Zum Text von Plut., Mor. (Περὶ παίδων ἀγωγῆς) 8 D", in: *Hermes* 107,3 (1979), 382–284.

1980

„Caesar und die Helvetier" [1. Teil], in: *Rheinisches Museum für Philologie* 123,2 (1980), 126–137.[25]

1981

Die Kultur holt uns ein. Die Bedeutung der Textualität für das geschichtliche Werden, Würzburg 1981 (182 Seiten).

> Rezension von: Peter Wülfing, in: *Gnomon* 55,7 (1983), 651–652.

---

[22] Dieser Aufsatz wurde aufgenommen in: *Collectanea* [s. o. Anm. 2], 377–385.
[23] Das Schriftenverzeichnis (S. 16–33) für die Jahre bis einschließlich 1970 wurde von Eckhart Schäfer (nach Vorarbeiten von Wolfgang Heimbecher und Peter Lebrecht Schmidt) erstellt, für die folgenden Jahre bis 1975 von Konrad Heldmann.
[24] Dieser Aufsatz wurde aufgenommen in: *Collectanea* [s. o. Anm. 2], 396–401.
[25] Dieser Aufsatz wurde aufgenommen in: *Collectanea* [s. o. Anm. 2], 402–413.

Der tragische Dichter L. Varius Rufus. Zur Frage seines Augusteertums, Abhandlungen der geistes- und sozialwissenschaftlichen Klasse der Akademie der Wissenschaften und der Literatur (Mainz) Bd. 5/1981, Wiesbaden 1981 (31 Seiten).

1982

„Caesar und die Helvetier" [2. Teil], in: *Rheinisches Museum für Philologie* 125,1 (1982), 59–66.[26]

„Graphischer Versuch zum Aufbau einer tibullischen Elegie (1,1)", in: *Gymnasium* 89,3 (1982), 289–295.[27]

[Rezension] „Francis Cairns: *Tibullus. A Hellenistic poet at Rome*, Cambridge 1979", in: *Gnomon* 54,2 (1982), 118–123.

1983

Tibull und Delia. Zweiter Teil, Tibulls Elegie 1,2, Hermes Einzelschriften Bd. 47, Wiesbaden 1983 (130 Seiten).

> Rezensionen von: Robert Maltby, in: *The Classical Review* 99,2 [= N. S. 35,2] (1985), 279–281; Simone Viarre, in: *Revue de philologie, de littérature et d'histoire anciennes* 60,1 (1986), 149.

„Der Augusteer Lucius Varius Rufus", in: *ANRW* II,30,3 (1983), 1562–1621.[28]

1984

„Catilinarischer Erfolg auf den Almen? Zwei Überlieferungsfragen bei Cicero, Pro Sestio 12", in: *Hermes* 112,1 (1984), 121–126.[29]

[Rezension] „Francis Cairns: *Tibullus. A Hellenistic poet at Rome*, Cambridge 1979", in: *Anzeiger für die Altertumswissenschaft* 37,1/2 (1984), 22–24.

---

[26] Dieser Aufsatz wurde aufgenommen in: *Collectanea* [s. o. Anm. 2], 414–421.
[27] Dieser Aufsatz wurde aufgenommen in: *Collectanea* [s. o. Anm. 2], 272–278.
[28] Dieser Aufsatz wurde aufgenommen in: *Collectanea* [s. o. Anm. 2], 279–338.
[29] Dieser Aufsatz wurde aufgenommen in: *Collectanea* [s. o. Anm. 2], 422–427.

1987

„Zur Rolle magischer Themen in Tibulls Elegie 1,5", in: *Festgabe für Wolfgang Kullmann zum 60. Geburtstag. Herausgegeben von Klaus Döring, Georg Wöhrle, Joachim Latacz und Günter Neumann*, Würzburger Jahrbücher für die Altertumswissenschaft 13 (1987), 231–248.

„Zum Problem doppelsinniger Formulierung beim späten Horaz", in: *Glotta* 65,3/4 (1987), 241–250.

1989

„Schamgefühl und seine dichterische Begründung. Überlegungen zu *pudet* bei Tibull (1,5,42) und anderen", in: *Tradition und Wertung. Festschrift Franz Brunhölzl zum 65. Geburtstag. Herausgegeben von Günter Bernt, Fidel Rädle und Gabriel Silagi*, Sigmaringen 1989, 1–12.

1990

[Artikel] „Mannlicher, 1: Vom Automatgewehr zur Selbstladepistole", in: *Internationales Waffen-Magazin* 8,1/2 (1990), 60–63.

[Artikel] „Mannlicher, 2: Die Pistole Mod. 1894 mit vorlaufendem Rohr", in: *Internationales Waffen-Magazin* 8,3 (1990), 150–155.

[Artikel] „Mannlicher, 3: Die Phantom-Pistole Modell 1895/96", in: *Internationales Waffen-Magazin* 8,4 (1990), 232–235.

[Artikel] „Mannlicher, 4: Die Seitenhebel-Pistole Mod. 1896", in: *Internationales Waffen-Magazin* 8,5 (1990), 328–331.

[Artikel] „Mannlicher, 5: Die Seitenhebel-Pistole Mod. 1896", in: *Internationales Waffen-Magazin* 8,6 (1990), 416–419.

[Artikel] „Mannlicher, 6: Anschlagpistole und Jagdkarabiner", in: *Internationales Waffen-Magazin* 8,7/8 (1990), 506–510.

[Artikel] „Mannlicher, 7: Die Pistolen-Modelle 1900", in: *Internationales Waffen-Magazin* 8,9 (1990), 598–602.

[Artikel] „Mannlicher, 8: Die Pistolenmodelle 1900", in: *Internationales Waffen-Magazin* 8,10 (1990), 688–691.

[Artikel] „Mannlicher, 9: Die Pistolenmodelle 1901", in: *Internationales Waffen-Magazin* 8,11 (1990), 772–774.

[Artikel] „Mannlicher, 10: Die ‚Kriegspistole' Md. 1905", in: *Internationales Waffen-Magazin* 8,12 (1990), 860–865.

1991
[Artikel] „Pistolen im Kaliber 9 mm Glisenti. Teil 1: Glisenti und Brixia", in: *Internationales Waffen-Magazin* 9,1/2 (1991), 51–55.

[Artikel] „Pistolen im Kaliber 9 mm Glisenti, Teil 2: Beretta Modell 1915", in: *Internationales Waffen-Magazin* 9,3 (1991), 146–150.

[Artikel] „Pistolen im Kaliber 9 mm Glisenti, Teil 3: Beretta Modell 1923", in: *Internationales Waffen-Magazin* 9,4 (1991), 231–235.

[Artikel] „Victor Colettes Zündnadel-Magazinpistole", in: *Internationales Waffen-Magazin* 9,9 (1991), 598–603.

1992
„Abschied vom gedruckten Buch?", in: *Literatur um 11* 10 (1992), 88–92.

[Artikel] „Repetierpistolen: eine Typologie", in: *Internationales Waffen-Magazin* 10,3 (1992), 148–153.

[Artikel] „Volcanic, Teil 1: Der Ursprung", in: *Internationales Waffen-Magazin* 10,5 (1992), 324–327.

[Artikel] „Volcanic, Teil 2: Technik und Modelle", in: *Internationales Waffen-Magazin* 10,6 (1992), 412–416.

1993
Die Bacchus-Ode C. 3,25 des Horaz, Abhandlungen der geistes- und sozialwissenschaftlichen Klasse der Akademie der Wissenschaften und der Literatur (Mainz) Bd. 11/1993, Stuttgart 1993 (55 Seiten).

1994

Sprachliche Ambiguität bei Horaz, Abhandlungen der Marburger Gelehrten Gesellschaft Bd. 24, München 1994 (28 Seiten).

Rezensionen von: Ernst Doblhofer, in: *Anzeiger für die Altertumswissenschaft* 48,1/2 (1995), 8–10; Stefan Borzsák, in: *Gymnasium* 103,1 (1996), 80–81.

[Artikel] „Die Vorläufer: hist. Magnum-Faustfeuerwaffen", in: *Internationales Waffen-Magazin* 12,2 (1994), 6–15.

1995

[Artikel] „Revolver des Wilden Westens", in: *Internationales Waffen-Magazin* 13, Spezialheft 3 (1995), 30–45.

[Artikel] „Shansi-C96 in .45 ACP: chines. Mauser-Pistole", in: *Internationales Waffen-Magazin* 13,10 (1995), 586–590.

[Rezension] „*Ioannes Bocatius. Opera quae exstant omnia. Poetica 1 et 2 edidit Franciscus Csonka*, Budapest 1990", in: *Wolfenbütteler Renaissance-Mitteilungen* 19,1 (1995), 32–36.

1996

[Artikel] „Die Robbins & Lawrence-Bündelpistole", in: *Internationales Waffen-Magazin* 14,6/7 (1996), 418–422.

1997

„Gallus und Thrakien bei Vergil und Horaz (zu Horaz c. 3,25)", in: *Würzburger Jahrbücher für die Altertumswissenschaft* 21 (1996/1997), 229–237.

[Artikel] „ambiguità", in: *Enciclopedia Oraziana, vol. II: La cultura – La società – La poesia*, Rom 1997, 789–795.

1998

„Vergils Tityrus und der perusinische Konflikt. Zum Verständnis der 1. Ecloge", in: *Rheinisches Museum für Philologie* 141,3–4 (1998), 348–361.

[Nachruf] „Joachim Adamietz †", in: *Gnomon* 70,3 (1998), 280–283.

1999

„Pädagogische Methode einer Dichterin und Lehrerin", in: *Forum Classicum* 42,1 (1999), 23–26.

„Latein in Deutschland und die Rolle der indirekten Latinität", in: *Forum Classicum* 42,3 (1999), 134–139.

2000

„Deutsch – Zwischen Latinität und romanischen Sprachen", in: *Literatur um 11* 16/17 (1999/2000), 21–27.

„Anglo-Einfluss und Latinität", in: *Forum Classicum* 43,3 (2000), 159–164.

2010

„Wie viel Graecolatein verträgt die deutsche Sprache? Über die altsprachlichen Einflüsse samt ihrer anglo-romanischen Vermittlung", in: *Forum Schule. Latein und Griechisch in Hessen* 57,1–3 (2010), 24–35.

2012

„Zum Anteil direkter und indirekter Latinität bei deutschen Infinitiven", in: *Forum Schule. Latein und Griechisch in Hessen* 59,1–3 (2012), 7–22.[30]

2013

„Nautische Handbücher zur römischen Bürgerkriegszeit?", in: *Am langen Seil des Altertums. Beiträge aus Anlass des 90. Geburtstags von Walter Wimmel. Herausgegeben von Boris Dunsch und Felix M. Prokoph*, Heidelberg 2013, 37–44.

---

[30] Dieser Beitrag ist die leicht modifizierte Vorabveröffentlichung des Aufsatzes „Euro-Latinität im verbalen Deutsch […]" [s. den Eintrag zum Jahr 2013].

„Nachwort", in: *Am langen Seil des Altertums. Beiträge aus Anlass des 90. Geburtstags von Walter Wimmel. Herausgegeben von Boris Dunsch und Felix M. Prokoph*, Heidelberg 2013, 91–92.

„Euro-Latinität im verbalen Deutsch: Das -ieren-Suffix – Zu einer Aporie seit Jacob Grimm", in: *Europa zwischen Antike und Moderne. Beiträge zur Philosophie, Literaturwissenschaft und Philologie. Herausgegeben von Claus Uhlig und Wolfram R. Keller*, Beiträge zur neueren Literaturgeschichte, Heidelberg 2013 (im Druck).

Nachwort

Im Licht der letzten Jahre hat die Geschichte der Marburger klassischen Latinität einen durchaus ermutigenden Verlauf genommen: Auf die Professur konnte mit Gregor Vogt-Spira ein Kollege mit internationaler Routine und Geltung berufen werden. Einige Vertretungssemester wurden durch Boris Dunsch glänzend gemeistert, während die glorreiche Gräzistik nach Arbogast Schmitt durch Sabine Föllinger vielversprechend neu besetzt wurde.

Auch die Jahre ,nach 68' und neuem Hochschulgesetz brachten bei aller Problematik unerwartete Lichtblicke auch für Latein: Achim Heinrichs konnte in voller Selbständigkeit eine differenzierte lateinische Fachdidaktik entwickeln. Umso erfreulicher ist es, dass die Fachdidaktik der Alten Sprachen jüngst in neue Hände gegeben werden konnte. Durch Anna E. Radke ist Marburg in jenen Jahren auch außerhalb der Universität zu einem Zentrum der neulateinischen Poesie geworden. Wenn schließlich in der Altphilologie Deutschlands der Landesverband Hessen eine herausragende Rolle spielt, dann ist dies fraglos der meisterlichen Vorsitzenden und ehemaligen Marburger Lateinstudentin Christa Palmié zu danken.

Auch sonst weisen die Jahre unerwartet harmonische Züge auf: So gab es eine Reihe von ,philologischen' Ehen unter der Studentenschaft. Ich nenne nur die verdienten Familien Zekl und Rauch und die durch allzu frühen Tod der Gattin getroffene Ehe von Klaus Kubusch, dem ich im Übrigen die Edition meiner Aufsätze in dem Band „Collectanea" zu danken habe.

Sinnstiftend haben auch unsere gelegentlichen Bastelstunden gewirkt. Unsere Rekonstruktionen und Modelle rückten in scheinbare Nähe zur Archäologie, galten aber der Überprüfung von philologischen Textproblemen (etwa von Handwaffen bei Caesar oder hinsichtlich von Schiffstypen der Bürgerkriegszeit).

Als Emeritus haben mich eine Zeit lang die mit Feuerwaffen in Mittelalter und Neuzeit rapide zunehmenden Benennungsprobleme beschäftigt. Das Leben mit Waffen als solches wurde etwa ab 1700 immer mehr literarisch und erlangte eine Führungsrolle in der fortschreitenden Vertextlichung vieler technischer Zusammenhänge in der Gegenwart überhaupt. Eine sprachliche Aufarbeitung im Kontrastfeld der Epochen dürfte in absehbarer Zeit geleistet werden und Fachlichkeit gewinnen. In deren Vorfeld sieht sich eine Reihe von Beschreibungsversuchen neuzeitlicher Handwaffen, die ich in den 1990er Jahren unternahm.

Mein besonderer Dank gilt der aufopfernden Hilfe von Boris Dunsch und Felix Prokoph.

Marburg, im Juli 2013   Walter Wimmel

Universitätsgebäude Am Plan in der Marburger Altstadt –
Sitz des Seminars für Klassische Philologie bis zum Jahr 1968

Universitärer Gebäudekomplex für die Geisteswissenschaften
in der Wilhelm-Röpke-Straße (im Hintergrund der Kaiser-Wilhelm-Turm) –
Sitz des Seminars für Klassische Philologie seit 1968
(3. und 4. Etage von oben im hinteren Turm)

Marburger Altstadt mit Landgrafenschloss

Verzeichnis der Beitragenden

Boris Dunsch ist Akademischer Oberrat am Seminar für Klassische Philologie der Philipps-Universität Marburg.

Felix M. Prokoph ist Lehrkraft für besondere Aufgaben am Seminar für Klassische Philologie der Philipps-Universität Marburg.

Anna Elissa Radke ist Lehrbeauftragte am Seminar für Klassische Philologie der Philipps-Universität Marburg und darüberhinaus als neulateinisch dichtende Schriftstellerin bekannt.

Jürgen Paul Schwindt ist Professor für Klassische Philologie: Lateinische Literaturwissenschaft am Seminar für Klassische Philologie der Ruprechts-Karls-Universität Heidelberg.

Gregor Vogt-Spira ist Professor für Klassische Philologie/Latinistik am Seminar für Klassische Philologie an der Philipps-Universität Marburg.

Walter Wimmel ist Professor emeritus für Klassische Philologie/Latinistik am Seminar für Klassische Philologie der Philipps-Universität Marburg.

Bildnachweis